JN043641

AGAINST DEMOCRACY

アゲインスト・デモクラシー

下

著者
ジェイソン・ブレナン

訳者
井上 彰　小林 卓人　辻 悠佑
福島 弦　福原 正人　福家 佑亮

keiso shobo

AGAINST DEMOCRACY

by Jason Brennan

Copyright © 2016 by Princeton University Press

Japanese translation published by arrangement with
Princeton University Press

through The English Agency (Japan) Ltd.

All right reserved.

No part of this book may be reproduced or transmitted
in any form or by any means, electronic or mechanical,
including photocopying, recording or by any information storage
and retrieval system, without permission in writing from the Publisher.

アゲインスト・デモクラシー〔下巻〕

目次

【上巻】

凡例

一、本書は、Jason Brennan, *Against Democracy*, Princeton, NJ: Princeton University Press, 2017（paperback ed.）の全訳である。
二、（　）は原文の括弧である。
三、［　］は著者本人の補足である。
四、〔　〕は訳者による補足である。
五、原注については（　）を、訳注については［　］を用いている。
六、すでに翻訳があるものを引用する場合でも、新たに訳し直していることがある。

第六章　有能な政府への権利

無条件の普通選挙権を備えるデモクラシーは、政治的権力を無差別に与える。ホビットとフーリガンが投票するとき、彼らは他者に対して政治的権力を行使するのであり、このことは切実に正当化を必要とする。それは、代替的なシステムに対して――とりわけ、ホビットとフーリガンがもたらしうる害を軽減することを試みるエピストクラシーのシステムに対して――正当化される必要がある。

平均的な投票者を指して、私が次のように問うことは理にかなっている。「なぜあの人が私に対していくらかでも権力を持つべきなのか。」同様に私は、選挙民全体の方へと向き直って、こう尋ねることができる。「誰があの人たちを私のボスにしたのか。」第二章で見たように、それらの人々のほとんどはなにが起きているかについてほぼ理解していない。なぜ私は、ホビットとフーリガンの支配に従属すべきなのだろうか。

第一章で私は、政治的権力をどのように分配するかについての二つの基本的な理論を紹介した。手続き主義者は、権力を分配するなんらかの仕方は内在的に不正であるか、あるいは内在的に正義に適っているかのいずれかである、と述べる。道具主義者は、私たちはどのような仕方であれ正義に適った結果を最もよく生み出す仕方で政治的権力を分配すべきである（あるいは少なくともそうしてよい）と述べる。ここでそのような結果は、それを生み出した手続きからは独立して定義される。すでに述べたように、私の見解では、デモクラシーとエピストクラシーの間での選択は純粋に道具的である。これまでのいくつかの章にわたって私は、エピストクラシーに抗しデモクラシーを支持するための数多くの手続き主義的議論の失敗を暴いてきた。また私は、民主的選挙民が全体としては無能な仕方で行為する傾向にある、ということを示す経験的エビデンスを提供してきた。

しかしながらデモクラシー支持者は、原理上は、私がこれまで論じてきたすべての事柄を単に受け容れ、それでもなお次のように述べうるだろう。「そのとおり、デモクラシーは内在的に正義に適っているわけではなく、エピストクラシーは内在的に不正というわけではない。議論のために、エピストクラシーがデモクラシーよりもうまく機能するということにさえ賛同させてほしい。しかし、仮にそうだとしても、それは私たちがデモクラシーよりもエピストクラシーを選ぶよう要請されるということを示しはしない。結局のところ正義は、単に私たちが十分に良い政治システムを選ぶことを要求するだけなのかもしれない。なぜ、私たちは最も良く機能する、あるいはより良く機能するようなシステムを選ばなければならない、などと考えるべきなのだろうか。その見解が課す要求は過大であり、あなたはまだその見解を擁護しきってはいない。」

この仮説的なデモクラシー支持者は的を射ている。私たちの日常生活において、私たちは善を最大化するよう一般的に要請されてはいない。経済学者であれば、次のことを付け加えて言うだろう。政治的有能性は重要だが、私たちがより有能でより良く機能する政治的意思決定の手法をしきりに要求するならば、たぶん限界収穫低減と限界費用逓増が生じるだろう、と。より効果的あるいは有能な政府を生み出す試みに費やされる資源や時間や努力は、他の価値ある事柄に費やされない資源や時間や努力なのだ。費用便益分析の視座からすれば、最も有能な政府というものは、おそらく、私たちがそのために支払わなければならない対価に見合っていないかもしれない。

本章は、これらの懸念に応答する。私たちは最も有能な政治システムを用いるよう要請される、という強い道具主義的主張を支持するための議論を提示するつもりはない。そうではなく私は、次のような弱い道具主義的主張を支持するための議論を提示するつもりである。すなわち、ある無能な政治的意思決定システムを用いることは、より有能なシステムが手に入るような場合においては、推定的に不正である。つまるところ、エピストクラシーを支持するための私の最後の議論は、事実上、以下のようなものになる。

1. 手続き主義に抗して：デモクラシーをエピストクラシーよりも好むべき、良い手続き主義的根拠はない。
2. 有能性原理：無能な熟議体によって作成された決定の結果として、あるいは、無能または不誠実な仕方で作成された決定の結果として、市民の命や自由や財産を強制的に奪ったり、市民の人生の見通しを重大な仕方で害したりすることは、不正なこととして、かつ市民の権利を侵害することとして推定される。政治的決定は、有能な政治体によって有能かつ誠実な仕方で生成された場合にのみ、正統かつ権威的なものとして推定される。

3. 有能性原理の論理的帰結：推定的に、私たちは無能な政治的意思決定手法を、より有能な手法によって取って替えるべきである。
4. 比較制度的主張：普通選挙権は無能な決定を生み出す傾向にあるが、なんらかの形態のエピストクラシーはより有能な決定を生み出す見込みがある。
5. 結論：私たちは、おそらく、デモクラシーをなんらかの形態のエピストクラシーによって取って替えるべきである。

ここまでのいくつかの章にわたって、私はおおよそ第一と第四の前提を支持する議論を提示してきた。本章では、第二と第三の前提を支持する議論を提示する。本章と続く二つの章では、第四の前提を支持するさらなる理由を補うつもりである。

デモクラシーと政治的無能性

私の市民仲間のほとんどは政治について無能であり、無知であり、非合理的であり、かつ道徳的に理にかなっていない。それにもかかわらず、それらの人々は私に対して政治的権力を保持する。市民仲間たちは、大きな権力の伴う職務に人員を配置し、私に対して国家の強制的権威をふるうことができる。市民仲間たちは、私がそれを行わないことを望むか、あるいは行うべき良い理由がなにもないような事柄を、私が行うよう強いることができる。市民仲間たちは、自身が正当化できないような仕方で権力をふるい、もし豊富な知識を有しているか政治的情報を合理的な仕方で検討するならば支持しないであろう政策を、私に押し付ける。

少なくとも一見すると、一人の無辜の人物として、私がそのようなことを大目に見なければならないなどということはないはずだ。無能な外科医にメスを入れられたり無能な船長と共に航海したりするよう私に強いるのが不正であるのとちょうど同じように、無能な投票者の決定に服するよう私に強いるのは不正であるように思われる。私に権力を行使する人々――私以外の投票者を含め――は、有能かつ道徳的に理にかなった仕方でそうすべきなのだ。さもなければ、正義の事柄として、それらの人々は私に対して権力を行使することを禁じられるべきであるか、あるいは私をそれらの人々の無能さから保護するような強固な制度が存在すべきである。そのように私は論じるつもりである。

本章で私が論じるのは次のことである。市民は、自分たちに対して保持されているいかなる権力でさえも、有能な意思決定主体に有能な仕方で行使させることに対して、少なくとも推定的権利（presumptive right）を有する。市民は、無能な仕方で、あるいは気まぐれな仕方で作成された重大な政治的決定に従わされるべきではない。

現実的な情況においては、普通選挙制はしばしばこの推定的権利を侵害するだろう。現在のデモクラシーはその程度において不正である。デモクラシーで我慢する唯一の理由があるとしたら、それは私たちがエピストクラシーをより良く働かせる方法を見出すことができない場合である、と私は論じるつもりである。

三つの直観ポンプ

私の主要な議論に移る前に、三つの「不完全な（half）」議論を提示したい。これらは、あなたの直観を汲み出すためのものである。ここでの私の目標は、次のことを示すことにある。人々は、他の場合には設けないような例外をデモクラシーのためには設ける傾向があるように思われる。つまり、人々は民主政体を、他の事柄に用いられるよりも低い道徳的基準によって測る傾向にある。

汚染にどう対応するか

私の読者と哲学者仲間のほとんどが信じるところでは、政府は炭素排出を規制してよいのみならず、そうしなければならない。それらの人々の基本的な主張は、汚染は集合行為問題である、というものである。個人についてみるならば、私たちの中の誰でも環境をさんざん汚染することができ、それはなんら重大な影響を与えることはないだろう。しかし、もし私たち全員が環境をさんざん汚染するならば、その結果は破滅的なものとなりうる。

問題は、私たちは個人としては自らの行動を変えるべき理由をほとんど持たない、ということである。私の行動のいくつかについて考えてほしい。一年間に二十回以上は飛行機に乗る。ツインターボを搭載したスポーツセダンを運転し、それも最大限の加速を得るために普段はスポーツモードかスポーツプラスモードのままにしてある。アコースティックギターではなく、高ワット数の真空管アンプを通してエレキギターを弾く。夏中ずっと家のエアコンの電源を入れたままにしておく。所有している三つのコンピュータのいずれも、ほとんどシャットダウンすることがない。良心から自らのエネルギー使用量を減らしうるかもしれないが、それはなんの役に立つのだろうか。私個人の影響は非常に小さいので、そのような犠牲はなんの違いも生まないだろう。私は苦しむだろうが、それがなにかの役に立つことはないだろう。

この推論は、私たち一人ひとりに当てはまる。全員が汚染を減らすことを私たちの誰もが欲しているとしても、個人としては、誰一人として、汚染を減らすたいしたインセンティヴや理由を持ってはいない。片務的な消費削減は、純粋に象徴的な価値を持つのだ。

したがって、私の同僚のほとんどが結論づけるところでは、私たちは政府が汚染水準を規制することを認可すべきである。政府は私たちの集合行為問題を解決することができる。この種の推論を、環境保護を支持するための公共財説（public goods argument）と呼ぼう。

第二章で見たように、投票についても、私たちはこの集合行為問題に似たものに直面する。〔もちろん、〕まったく同じというわけではない。つまり、もし私が唯一の投票者だとしたら私の票は確実に違いをもたらすであろう。それに対して、もし私が唯一の汚染者だとしても、私の汚染はなおほとんど違いをもたらさないだろう。しかし、〔二つのケースは〕十分に類似している。つまり、非常に多くの他の投票者がいるということを所与とするならば、私たち一人ひとりにとって、私たちの個々の票はなんら違いをもたらさない。私たちは他者の努力にただ乗りし、私たちのバイアスのコストを他者へと外部化し、私たちの無知な、誤った、あるいは非合理的な票でデモクラシーを汚染する十分なインセンティヴを有するのだ。

大気汚染の規制を支持するための議論が正しいならば、投票も規制してはどうか。なぜ公共財説は、大気汚染の規制を正当化するのに、投票汚染の規制を正当化しないのだろうか。なぜ、私たちを私たち自身から保護するために汚染を規制するのは正統であるのに、私たちを私たち自身から保護するために投票を規制することは正統でないのか。第四・五章にて私は、投票権は特別なのだということを示そうと試みる一連の義務論的議論を検討したが、これらの議論のいずれも成功しなかった。したがって、以上の問いは開かれたままである。

カール王は不正な仕方で行為しているか

バングルランドという〔架空の〕不幸な王国が、無能王カールの支配下で苦しんでいると想像してほしい。大抵の場合、カール王は良かれと思って〔なにごとかをして〕いる。しかし彼のあだ名が含意するように、カール王は無能である。

良い王は、歴史や社会学や経済学や道徳哲学についての確固とした理解を有するものである――いずれの科目も、どのような政策が社会的正義を保障し公共善を促進するかを理解するために必要なものだ。カールは、無知であるにもかかわらず、これらすべての科目について強い意見を有する。彼は自らの政治的信念や政策選好を、エビデンスを検討せずに形成する。むしろ彼は、見栄えがすると彼が思うような政治的信念を抱く傾向にある。彼は、彼の自己イメージを強めるような信念や行為を選択する。しばしば、カールはかっとしたはずみで、直感に基づいて選択する。彼は、自らの行為の帰結に対してほとんど注意を払わない。カールは、彼の治世下で起きた良い出来事はなんであれ自分の手柄とするが、悪い結果は政敵のせいにする。彼は、自分が事態をより良くしているのか、それともより悪くしているのかについて、なんの手がかりも持たない。

バングルランドは立憲君主国である。カールは法によって、自由な言論の権利や恣意的な捜査・押収を免れる権利など、基本的な自由権を尊重せねばならない。そして大抵の場合、カールはたしかにこれらの権利を尊重する。大抵の場合、バングルランドは法の支配を享受している。

それでもなお、カール王はこれらの立憲的制限内で広範な裁量権力を保持している。彼は経済政策や、環境政策や、教育政策や、土地政策や、対外政策を決定することができる。彼は政府内のほぼすべての役職を任命する。カールは戦争を始め、財産体制を変更し、中央銀行の利率を定め、関税と貿易制限を課し、産業・通商規制を公布し、ある人から他の人へと富を移転し、職業への参入について免許と制限を設け、彼の好むどんな税率でも課税し、公立学校のカリキュラムを選び、薬物を合法化あるいは違法化し、どの人々が入国したり出国したりできるかを決め、法律違反に対する罰則を決定し、他にもいっそう多くのことを行うことができる。さらに彼は、時には自国の憲法によって自身に与えられた権限を踏み越え、そうした場合のほとんどにおいて、罰を逃れる。

カールの臣民は、彼の失敗の負担を負う。彼の臣民は、公金の浪費や、多額の負債や、あるところでは愚かしい規制過少に、そして他のところでは愚かしい規制過多に苦しむ。彼らは象徴的な政治に苦しむ。つまり、カールは頻繁に逆効果になるような政策を選ぶのだ。というのも彼の考えでは、それらの政策を強行することは、高潔な目標への彼のコミットメントを示すからだ。カールの臣民は、有能な支配者のもとで暮らす場合に比べて、より少ない経済的機会や、より多くの犯罪や、より高い物価や、より大きな不正義と共に生きている。彼の下す決定は、市民から（そして外国人から）機会を、自由を、財産を、そして生命でさえも奪いうるのである。

さて、こう尋ねてみよう。バングルランドは正義に適った政治体制だろうか。明らかに正しくない、と考える人がいるかもしれない――結局のところ、バングルランドは君主制国家なのだ。君主制は一人の王に、その人が正しい胎に正しい時に宿されたというだけの理由で、政治的権力を授ける傾向にある。つまり、これは政治的権力を分配する仕方としてばかげたもののように思われる。そのため現代のほとんどの読者は、君主制は本来的に不正である、と結論づけるのだ。読者が正しいと仮定しよう。さて、こう尋ねてほしい。それはバングルランドの唯一の問題だろうか。

対照的に、賢者エルロンド卿によって支配される裂け谷〔という架空の国〕について考えてみよう。エルロンドはいつでも臣民にとって最善のことを選択する。彼は入手可能なすべての情報を用いる。彼は社会科学について知りうる限りのことを知っている。エルロンドはすべての合理的かつ理にかなった観点を顧慮する。そして彼はいつでも、バイアスや気まぐれを排し、合理的で理にかなった仕方で決定を下す。あなたは、君主制がどれだけうまく機能するとしてもそれは本来的に不正であると考え、したがってエルロンド卿の支配でさえも不正であると考えるかもしれない。ひょっとしたらあなたは正しいのかもしれない。しかし、もし私たちがエルロンド卿の支配を不正であると認めるのだとしても、カールの支配はより悪く、いっそう不正であるように思われる。ここで、違いは体制の種類にあるのではない――いずれも世襲君主制である。むしろ違いは、エルロンドとカールがどのように決定を下すか、またどのようにそれらの決定が彼らの臣民に影響を与えるか、という点に存するのである。

いくつかの実例を考えてみてほしい。カリギュラ、ネロ、そしてアントニヌス・ピウスはいずれもローマ皇帝であった。もしあなたが君主制は本来的に不正であると考えるならば、あなたは、彼ら一人ひとりは単に君主であったというだけの点において不正に支配を行ったのだ、と結論づけなければならない。しかし、もしそうだとしても、彼らは等しく不正というわけではない。カリギュラとネロは非道で邪悪な人々であり、臣民は彼らの下劣な決定によって大いに苦しんだ。アントニヌス・ピウスは臣民に平和と繁栄をもたらし、市民的諸自由をいっそう保護・促進するような改革を施した。カリギュラとネロが決定を下した仕方は不正だったのに対して、アントニヌス・ピウスが決定を下した仕方は比較的に良く、正しかった。

バングルランドが不正であるのは、単にそれが王国であるとか、不正な統治形態である、というだけの理由によるのではない。王が下手な仕方で決定を下すという事実が、付加的な不正義なのだ。彼は、自らの権力を賢く用いない。彼は、彼の臣民に対して注意義務を負っている。臣民たちの人生と暮らしは彼の手中にあり、彼の無謀さは臣民全員にとっての危機である。

さて、バングルランドで事態が変わっていくことを想像してほしい。カール王は死ぬのだが、彼は死ぬ前に、彼の王国を民主制国家へと切り替えるのだ。しかし、物事が変化すればするほど、物事が変わらぬままにある、と仮定しよう。バングルランドの投票者たちは、一つの集団として、カール王と同程度でしかない——同程度にしか賢くないし、同程度にしか合理的でないし、同程度に気まぐれである。バングルランドの投票者のうち多数者はホビットやフーリガンで、ほんの少数者だけがヴァルカンである、と仮定しよう。バングルランドは、一人の無能な支配者の代わりに、いまや大勢の無能な支配者たちを擁するのだ。

さあ、どうしよう。カール王を同等に無能な民主的多数者によって挿げ替えることは、無能な意思決定を浄化するのだろうか。それとも、無能な意思決定は、民主的多数者の支配権と衝突するのだろうか。繰り返すが、第四・五章にて私は、無能なカールと無能な多数者との間の本来的な違いを論証しようと試みる広範な義務論的議論を検討したが、これらの議論はうまくいかなかった。したがって、以上の問いは開かれたままである。

なぜ私たちは六歳の子に投票させてあげないのか

なぜ私たちは、幼い子どもたちに投票を許さないのだろうか。なぜ一年生や五年生の子たち、あるいは少なくともハイスクールの三年生に投票を許さないのか。三つの基本的な理由があるように思われる。

メンバーシップ：幼い子どもたちはいまだ社会の正規のメンバーではないため、一票を有するに値しない。

依存性：幼い子どもたちは、単に親に言われたとおりの仕方で投票するだろう。そのため、幼い子どもたちに一票を与えることは、その親たちに追加票を与えることでしかない。

無能性：幼い子どもたちは、うまく投票をするには知識が足りない。ほとんどの人は、これらの理由の一つひとつを、選挙権を制限するために十分なものであるとみなす。つまり、三つの懸念のうちの二つが偽であると判明したとしても、ほとんどの人々は、残りの問題が子どもたちに投票をさせないためになお十分であると考えるだろう。

このことを念頭に置きつつ、第三の訴えを考えてみよう。ハイスクールの三年生（あるいはもっと若い学生たち）に投票を許すことに反対するための、シンプルな議論がある。すなわち、彼らの一票は私たち全員に影響を与える。投票者たちは、自分自身のためのみならず、全員のために選択を行うのだ。私たちは、ほとんどの十六歳の子どもたちは賢明な一票を投じるための知恵や知識を欠いている、と心配するかもしれない。政治家たちは投票者たちに投票者たちが欲するものを与えるのだから、選挙年齢を引き下げることはより低質な統治を生じさせるだろう。私たちは、私たち自身を子どもたちから守りたいという理由で、子どもたちの投票を禁じるのである。

多くの人々はこの議論を受け容れるが、この議論は、その人々が受け容れたがらない含意を有する。もし無知であることが若者を投票から排除する十分な理由になるのならば、無知は投票する公衆の中から大勢を排除する十分な理由になるはずである。

第二章で論じたように、政治的知識はすべての集団の間で均等に分散していない。もしあなたが「十六歳および十七歳」と呼ばれる人口集団は投票するには無知すぎると考えるならば、あなたは低所得者や黒人を投票から排除することをも支持すべきである。なぜなら、全体としては、それらの人々の政治的知識の水準は同程度だからである。以下の二つの言明を考えてほしい。

・十四歳から十八歳の年齢の人々のほとんどは、うまく投票するには無知すぎる。一部の人々は豊富な知識を有するけれども。それでも私たちは、個々人の差異を無視し、この人口集団の全員の投票をただ禁じるべきである。

・貧しい黒人女性のほとんどは、うまく投票するには無知すぎる。一部の人々は豊富な知識を有するけれども。それでも私たちは、個々人の差異を無視し、この人口集団の全員の投票をただ禁じるべきである。

ほとんどの人々は、第一の考えを受け容れるが、第二の考えには尻込みする。ほとんどの人々は、一部の人口集団を差別することを支持するが、他の人口集団への差別は支持しない。一方を差別する根拠が他方にもちょうど同じように当てはまるにもかかわらず、である。

そこで、代案がある。十八歳に満たない子どもたち全員をただ差別するのではなく、そして、その子どもたち全員を同じように扱い、全員が無能であると想定するのではなく、十分に高い水準の政治的知識を示すことができるという条件で、子どもたちに投票を許してはどうか。たとえば、アメリカのシティズンシップ試験の公民科目で合格できたならば投票権を与える、というのはどうだろうか（次章で説明するように、このような試験で問われる情報のほとんどは有能な投票者であるために有用なものではない。しかしこうした試験に合格する人は、おそらく、有用な知識をより多く備えている）。

しかし、一つ問題がある。もし私たちがこれを十六歳の子どもが満たす条件として理にかなっていると結論づけるとしても、選挙年齢を満たした多くの大人たちは、その条件を満たすことに失敗するだろう。十八歳未満の人々はみな無能であるが十八歳以上の人々はみな有能である、と単に想定するのは恣意的であるように思われる。有能で賢い十六歳の人々から、その人々が全体としては特に有能でない人口集団の成員であるというだけの理由で選挙権を奪うことは、もしその理由で同じくらい政治的に無知な他の人口集団を差別する用意が私たちにない場合には、不正であり、あるいは少なくとも道徳的に恣意的であるように思われる。たとえば私たちが知るところでは、裕福な白人男性は高水準の基本的な政治的知識を有する傾向にあり、その一方で貧しい黒人女性は低水準のそれを有する傾向にあるのだが、私たちはこれが、貧しい黒人女性は投票してはならないのに対して裕福な白人男性は投票してよい、というルールを正当化するとは考えないだろう。

したがって、現代の民主的諸国家がいずれもそうしているように年齢差別に与するのではなく、全員に投票者能力試験を受けさせてはどうか。初期条件としては全員が年齢にかかわらずゼロ票から始まるのだが、有能性を示すことができるという条件で投票権を獲得できる、ということにしてはどうか。興味深いことに、第四・五章で取り上げた義務論的議論のどれ一つとして、この問いにまったく取り組んでいなかった。ほとんどのデモクラシー支持者は、大人だけが投票権を有するべきであるということをただ想定し、子どもたちを投票から排除することが許容可能であると考えるのはなぜか、ということについて省みないのだ(1)。

支配権の推定的条件

本章における私のテーゼは、能力と誠実さは少なくとも支配権の推定的条件（*presumptive conditions*）である、というものである。私は、支配権（*the right to rule*）という言葉で私がなにを意味しているか、そして能力がこの権利の推定的条件であるとはどういう意味か、を説明することから始めたい。

ある政府が特定の地理的区域に対して、そして特定の人々に対して支配権を有すると言われるのは、以下の条件が成立する場合である。

・その政府が、その区域内にいるその人々のために、法とルールと政策と規制を作り、かつ施行することが道徳的に許容可能である。
・一定の人々（市民、住民、海外からの入国者、等）には、その政府がそれらのルールを公布したという理由で、その政府の法とルールと政策と規制に従う道徳的責務がある。(2)

第一の条件が成立する場合、政府は正統である（legitimate）と言われる。第二の条件が成立する場合、政府は権威（authority）を有すると言われる。(3)

定義により、ある政府が正統であるのは、その政府が存在し、ルールを作り、公布し、強制的に施行することが許容可能であるまさにその場合である。定義により、ある政府が一定の人々に対して権威的である（あるいはそれが「権威を有する」）のは、その人々に、その政府の法と命令と指令に服従する道徳的義務があるまさにその場合である。正統性とは、警察があなたを逮捕してもよいようにするところのものである。権威とは、警察があなたを逮捕しようと試みる場合に、あなたが警察に抵抗することを不正なこととするところのものである。約言するならば、正統性は強制することの道徳的許容を指し、権威は、屈服し服従する義務を他者のうちに生じさせる道徳的権能を指す[4]。

これらは単に用語の定義である、という点に注意してほしい。これらの用語を定義するに際して私は、なんらかの政府が正統ないし権威的であるか否か、またはそうでありうるか否か、ということについてなんの立場も採っていないし、政府を正統ないし権威的にするような条件があるとして、それがなんであるのか、ということについていまだなんら実質的なことを述べたわけでもない。アナキストと国家主義者は、なんらかの国家が実際に正統であるか否かということについて見解を違えるものの、国家は許容可能な仕方でルールを作りかつ施行できるまさにその場合に正統性を有する、という点については両者とも合意しうる。二人の異なる国家主義者は、国家は許容可能な仕方でルールを作りかつ施行できるまさにその場合に正統性を有する、という点について合意しうるが、国家が正統であるためにまさに必要なことは一体なんであるか、ということについて意見を違えうる。

重要なのは、ある政府が権威を有するためには、その政府はなにもないところから責務を創出することができ、あるいは少なくとも責務の追加的な源泉を創出することができなければならない、ということだ。定義上、もし政府がある人に対して権威を有するならば、その政府がその人になにかを行うよう指令する場合には、その人には政府がそのように言ったからそれを行う道徳的義務がある。そこで、私にはレイプをしない既存の道徳的義務があるということを考えてほしい。政府もまた、レイプを禁じる。しかし、私がレイプしてはならない理由は、私がレイプすることを私の政府が禁じているからではない。もし政府が私に「レイプする許可」を与えたとしても、私にはなおレイプしない義務があるだろう。政府は私のレイプしない道徳的義務を創出したのではないし、私をその義務から解放する権能を欠いている。

他方で、政府は私に対して、様々な税を支払うようにも命令する。ここで、もし私に支払う義務があるとして、この義務が存在するのは、私の政府がそれを創出したというだけの理由による。もし政府が指令を無効にしたならば、支払う義務は消えてなくなるだろう。

以下で私は、支配権の推定的条件は次のようなものであると論じる。すなわち、政治的決定は有能な決定主体によって有能な仕方で作成されなければならず、さもなければ政治的決定は非正統かつ非権威的なものとして推定される。推定的条件は必要条件に類似しているが、それよりも弱い。ある性質Pを備えることがある性質Qを備えるための必要条件であるのは、Pを備えないことが、Qを備えることを不可能にする場合である。対照的に、Pを備えることがQを備えるための推定的条件であるのは、Pを備えないことが、相殺的な条件によって退けられるか凌駕される場合を除いて、Qを備えないことを指し示す場合である。推定的条件は無効化可能（defeasible）であるが、必要条件はそうではない。

私は、本書の目的のためには、能力と誠実さが支配権の少なくとも推定的条件である、という比較的弱い主張の支持論を提示することのみを必要とする。それらが必要条件であると主張することは、私のテーゼを擁護するために必要以上の論証負荷を私に課すことになるだろう。

私は時々、人々は不誠実な仕方で支配する無能な政府に従属させられない権利を有すると論じることがある。ここでもまた、私はこれが絶対的権利とは異なる推定的権利であると主張するつもりしかない。私は、本書の目的のため、この権利が推定的権利よりも強いものか否かという点には取り組まないままにしておく。繰り返すが、私がより強い立場を採らない理由は、私の議論がそのような立場を要請しないからである。哲学において私たちは、目的を果たすために必要なだけの、最も論争的でなく、最も弱い前提を用いる。「一般的に」で十分な場合に「常に」を論じはしないし、「それを行う良い理由がない限り、これは不正であると推定される」で十分な場合に「これはいかなる事情があったとしても不正である」とは述べない。

無能で不誠実な陪審に従わされない権利

デモクラシーについて論じる前に、陪審が正統であり、かつ権威を有するためにはなにが必要かを考えることから始めよう。ほとんどの人は、被告は誠実に行為する有能な陪審への権利を有すると考える。なぜ被告がそのような権利を持ちうるのかを見てみよう。

五組の異なる陪審団があり、その各組が極刑に値しうる殺人についての複雑な審理を行なっている、と想像してほしい。それぞれの陪審団がなんらかの欠陥を抱えていることを想像し、被告に対してその陪審団の決定を押し付けることが正当化されうるように思われるか否かを考えてほしい。

第一の陪審団は無知である。審理の最中、この陪審員たちは提示された証拠を無視し、熟議を求められた場合には、裁判記録を読むことを拒否する。その代わりこの陪審員たちは、コイントスをした結果、被告に第一級殺人の有罪を言い渡す。これらの人々は審理の後になって、無知なまま決定を下したことを認める。

第二の陪審団は非合理的である。この陪審団のメンバーたちは、審理で提示された証拠に注意を払う。しかしこの陪審員たちは、認知的にバイアスがかかり、非科学的で、あるいは反科学的でさえあるような仕方で証拠を評価する。ひょっとしたら彼らは、奇妙な陰謀論に賛同しているかもしれないし、願望的思考によって決定を下すかもしれないし、証拠の重みを常々誤って計算し、証拠が支持する結論とは正反対の結論に達するかもしれない。この陪審団は被告に有罪を言い渡す。審理の後になって陪審員たちは、証拠を非合理的な仕方で処理したのが明らかであるような仕方で、自らの思考プロセスを私たちに対して描写してみせる。

第三の陪審団は欠陥を抱えている。陪審員たちは証拠に注意を払い、かつ情報を科学的に処理しようと試みるのだが、そのようにする能力を単に欠いている。ひょっとしたらこれらの陪審員たちは認知的欠陥を抱えているか、あるいは目下の事件は彼らの知的能力をもって取り組むには複雑すぎる。この陪審団は被告を有罪とする。審理の後になって陪審員たちは、事件を理解しようと精一杯試みたものの、それを理解しなかったことを認める。

第四の陪審団は不道徳である。この陪審員たちは証拠に注意を払い、それを科学的で合理的な仕方で評価する。しかし、被告は黒人かユダヤ人か共和党支持者かなにかであり、陪審員たちはそのような人々を嫌っているため、被告を有罪とする。あるいは陪審員たちは、被告が無罪であると思っているのだが、無実の人々が苦しむのを見るのが好きだというだけの理由で被告に有罪を言い渡すのだ、と仮定しよう。審理の後になって陪審員たちは、このような仕方で決定を下したことを認める。

第五の陪審団は腐敗している。陪審員たちは証拠に注意を払い、それを合理的に評価するのだが、それでも被告を有罪とする。それは、誰かが陪審員たち一人ひとりに一万ドルを払ってそうさせたからである。審理の後になって私たちは、そのような贈収賄が発生していたことを知る。

さて、こう尋ねてほしい。これらのケースにおいて私たちは、陪審団の決定を執行してよいだろうか。被告は、陪審員たちの権威に服するべきだろうか。

そうではないように思われる。各ケースにおいて、陪審団はひどい仕方で行為したのであり、そのことを誰もが知っている。直観的には、これらの陪審の決定は権威と正統性を欠くように思われる。被告は、もし自身がこれらの陪審団のいずれかをあてがわれていたことを知っていたならば、陪審団の決定を権威的なものとしてみなすべきなんらの道徳的責務も負わないだろう。陪審団が被告を有罪としたということは、それ自体では、被告が罰を受け容れるべき理由ではまったくない（もちろん、もし被告が実際に罪を犯していたならば、被告には罰に服すべき別個の理由があるだろう）。

政府がそれらの決定を執行することもまた不正であるだろう。被告は、その自由に干渉すべき決定的な理由が生じるまでは、自由であると推定される。これらの陪審団のいずれかが被告を有罪としたこと自体は、そのような理由をまったく与えない。被告は、適正手続によってその自由を奪われるのでない限り、自由であると推定される。このケースにおいて被告は、適正手続を享受しなかったのだ。アメリカでは、法はある程度これらの道徳判断に従う。もし被告が有罪であるとされ、しかし後になって陪審団が無能な仕方で、あるいはなんらかの先入観をもって行為していたことが明らかとなったならば、被告は上訴することができる。(5) 加えて裁判長は、いかなる理にかなった陪審団もそのような判決に到達しえなかっただろうと考えるならば、陪審団の有罪判決を即座に覆すことができる。裁判長は滅多にそうすることはないが、原理上はそうすることができる。

これらのケースにおいて私たちの道徳判断を説明するものはなんだろうか。陪審裁判では、以下のような特徴が成立している。

・陪審は、どのように正義の諸原理を適用するかを決定しなければならないため、道徳的に重大な決定を下す任を負っている。陪審は正義が果たされるための媒体である。陪審は正義を執行する特別な義務を負う。

・陪審の決定は被告や関係する人々の人生の見通しに大いに影響しうるのであり、被告の命、自由、かつ／または財産を奪いうる。

・陪審は、当該事件について決定を下す唯一の管轄権を主張しているシステムの一部である。つまり、このシステムは決定権力の独占を主張しており、被告とその他の人々がその決定を受容し、それに従うことを期待している。

・陪審の決定は、力や力の脅しによって、〔被告にとっては〕否応なしに押し付けられる。

陪審は被告に対して強い義務を負い、かつ陪審の正統性と権威は陪審がこれらの義務を果たすことに依存する、と述べるために、以上の特徴は良い根拠であるように思われる(6)。

上述の四つの特徴は、有能性原理を受け容れる根拠である。陪審に適用された場合、有能性原理は以下のことを述べる。

被告と他の市民は、陪審の決定が、決定を有能かつ誠実な仕方で下すような有能な人々によって下されるべきである、ということに対して権利を有する。無能な陪審によって作成された決定の結果として、あるいは、無能または不誠実な仕方で作成された決定の結果として、市民の命や自由や財産を強制的に奪ったり、市民の人生の見通しを重大な仕方で害したりすることは、不正であり、かつ市民の権利を侵害することである。

有能性原理の一つの正当化根拠は、人々を過大なリスクに曝すことは不正である、というものである。上述のケースにおいて、陪審員たちは被告に対して過失的な仕方で行為している。被告の観点からすれば、陪審の決定は重大であり、その結果は否応なしに押し付けられる。このような類のケースでは、陪審は決定を下すに際して十分な注意を払う責務を負う。

それがなぜかを理解するために、いくつかの類例について考えてほしい。私がひどい気管支炎に罹っていると仮定しよう。私のかかりつけの内科医は、治療についてのアドバイスを求めて祈祷師に相談する。祈祷師は動物の脂を燃やし、アルファベットスープを注ぎ、浮かび上がった文字のパターンを読む。たまたま文字がある薬の名前を綴り、内科医はその薬を私に処方する。薬が結局のところ正しいもの（たとえばプレドニゾン）であるか間違ったもの（たとえばモクソニジン）であるかにかかわらず、その内科医は間違ったことをした。内科医は、薬の処方に至るために、あまりにも信頼性の低い決定手法を用いた。この手法を用いることは、私を深刻な危害のリスクに曝す。もし、（陪審が被告に対して自身の決定を強いる権力を有するように）内科医が私に対してその薬を飲むことを強いる権力を有していたならば、これは容認しえないことであろう。

有能性原理は、当座のところ（*pro tanto*）、以下のことを含意する。

- 陪審としての役目を負うためには、陪審は集団として、悪しき認識的および道徳的特性を有してはならない。
- また、もし陪審が全体としては有能であるとしても、もしある個別の決定が無能あるいは不誠実な仕方で下されたならば、その決定は執行されるべきではなく、被告はその決定に服するなんらの義務も負わない。

約言するならば、有能性原理は、個別の陪審決定が、有能な集団によって有能な仕方で下されることを要請する。これが意味することをさらに解きほぐしていこう。

第一の条件に関して：ほとんどの陪審団は有能だが、この裁判にて決定を下した特定の陪審団は有能ではないと仮定しよう。私たちは、ほとんどの他の陪審団が有能であるということを単に指摘するだけでは、この特定の陪審団の決定を執行することを正当化しえない。そのことには関連性がないのだ。私たちは、単に他の陪審団が有能であるというだけで、無能な決定に基づいて被告の自由や財産や命を奪ってはならない。次のような台詞を想像してほしい。「たしかに私たちは、あなたの陪審団が賄賂をもらっていたり狂気に陥っていたりしたことを知っているが、世界中の他のすべての陪審団は素晴らしい仕事をしているのだ。だから決定は妥当である。」

第二の条件に関して：この特定の陪審団は通常は有能だが、この特定の事件においては無能だったと仮定しよう。同じ顔ぶれの陪審員たちが、百件の事件を審理すると仮定しよう。その陪審団は、九十九件の事件については合理的で、豊かな知識に基づき、道徳的に理にかなった仕方で決定を下すのだが、最後の一件については非合理的で、無知で、誤解に基づき、かつ／または道徳的に理にかなっていない仕方で決定を下す。陪審員たちが、この最後の事件において被告を有罪とすると仮定しよう。私たちはこの被告に対して、次のように言ってはならないだろう。「たしかに、陪審はあなたの事件においては無能だったが、その陪審は他の事件においては有能だったのだ。したがって、私たちはその決定をあなたに対して執行するし、あなたはそれに服さなければならない。」被告は次のように異議を唱えうる。「あの陪審員たちが他のすべての裁判でよく仕事をこなしたことはたしかに素晴らしいことだが、これは私の人生であり、あなたは私の自由について話しているのだ。あの陪審は私の事件については無能で理にかなっていない仕方で決定を下したのだ。」この被告の異議は決定的であるように私には思われる。

有能性原理は、陪審は正しい決定を下す場合にのみ権威と正統性を有する、とは主張していない。

そうではなくこの原理は、受容しえない仕方で陪審が答えにたどり着いた時には、その答えが正しいか否かにかかわらず、陪審は権威と正統性を欠く、と主張する。有能性原理は陪審の決定を、その実質的内容に基づいて不適格とするのではない。この原理は、陪審員たちをその悪しき道徳的あるいは認識的特性に基づいて不適格とし、陪審がその決定に至るために用いた推論（あるいはその欠如）の種類に基づいて、陪審の個別の決定を不適格とするのだ。

有能性原理を一般化する

有能性原理には、広い適用範囲があるように思われる。これが陪審に対してのみ適用されると考えるべきいかなる理由もないように思われる。個々の行政官庁、部門、官僚、行政当局、そして政府全体もまた、市民の命と自由と財産を奪いうる。陪審のように、それらは大きな危害を生じさせる権力を有する。陪審のように、それらもまた唯一の管轄権と支配権を主張する。そして陪審のように、それらもまた自らの決定を、それらの決定に同意していない（潜在的に）無実の人々に対して押し付ける。

警察官や、裁判官や、政治家や、官僚や、あるいは立法機関が、気まぐれな、非合理的な、あるいは悪意ある決定を下すとき、市民は単に立ち去ることはできない(7)。政府の決定は、以下の肝心な特徴を有している。

・政府は、どのように正義の諸原理を適用し、かつ社会の基本的諸制度の多くを形作るかを決定しなければならないため、道徳的に重大な決定を下す任を負っている。政府は正義が確立されるための主要な媒体の一つである。
・政府の決定は大きな重要性を有するものである傾向がある。それらは市民の人生の見通しを大いに害しうるのであり、市民の命、自由、そして財産を奪いうる。
・政府は、ある地理的区域の中にいる一定の人々に対して特定の類の決定を下す唯一の管轄権を主張する。政府は、人々がその決定を受容し、それに従うことを期待する。
・決定の結果は、暴力と暴力の脅しによって、〔人々にとっては〕否応なしに押し付けられる。

政府は、国歌のメロディと国旗の色を選択する以上のことを行う。政府は、市民にとって重大であり甚大な帰結をもたらしうるような政策を作成し、そのような行為を選択する。たとえば、もし連邦準備制度がデフレ志向の金融政策を追求し、その一方でアメリカ政府が高い関税障壁を課すならば、これは不景気を深刻な不況へと発展させうる。もし軍の高官が軍事的情報を誇張するか誤って伝えるならば、私たちは費用のかさむ破壊的かつ非人道的な戦争を始めることになるかもしれない。

いましがた述べた四つの特徴に照らすならば市民は、権利の問題として、政府公職者と意思決定者の有能性を期待すべき、少なくとも被告が有するのと同じぐらい強い根拠を有する。このことは、有能性原理の一般化された形式として表されうる。

無能な熟議体によって作成された決定の結果として、あるいは、無能または不誠実な仕方で作成された決定の結果として、市民の命や自由や財産を強制的に奪ったり、市民の生の見通しを重大な仕方で害したりすることは、不正であり、かつ市民の権利を侵害することとして推定される。政治的決定は、有能な政治体によって有能かつ誠実な仕方で作成された場合にのみ、正統かつ権威的なものとして推定される。

推定的に、被告が無能な陪審の裁判にかけられない権利を有するのとちょうど同じように、無実の人々は無能な仕方で作成された政治的決定に服させられない権利を有する。もし、陪審の決定の正統性と権威が少なくとも推定的に有能性と誠実性に依存するならば、すべての政府の決定の正統性と権威もまたそうである。もし、陪審システム全体の正統性と権威が、陪審が典型的に信頼でき、かつ誠実に行為していることに依存するならば、私たちは他の政府部門と行政と実践についても同じことを言うべきである。

私たちは、ある面においては、陪審の有能性と誠実性を要求するよりも、政府内の他の意思決定者の有能性と誠実性を要求すべきいっそう強い根拠を有する。結局のところ、被告の権利をどのように記述すべきかについては、哲学的な難題がある。裁判にかけられる人々の多くは自身が追及されている罪を実際に犯したのであり、したがってそれらの人々は、罰せられるに値するか、あるいは自身の権利の一部をすでに放棄したのかもしれない、と述べることには惹かれるものがある。被告は自分の権利の一部が放棄されたことを知っており、そのため被告にとっては、有能性を要求することは、被告自身がすでに知っていることを決定するに際して陪審が注意を払うことを要求することでしかない。したがって幾人かの哲学者たちは、陪審は必ずしも被告に対して有能性と誠実性を負っているわけではない、と主張するかもしれない。そのかわり陪審は、正義を有能かつ誠実な仕方で執行する信任義務を、自らの市民仲間に対して負っているのだ、と。また他の哲学者たちは、被告が罪を犯したのだとしても、被告は法が生成すべき適正手続への道徳的権利を保持するのだ、と論じるかもしれない。さらに他の哲学者たちは、有能性原理は政府の権力濫用に対する予防として理解されるべきである、と言い張るかもしれない。

いずれにせよ、可能性として有罪でありうる被告の権利をどのように描き出すかについて難題があるのだとしても、市民の権利について考える場合には、私たちはなんらそのような難問を抱えない。ほとんどの市民は無実であり、自身の権利のいずれも放棄してなどいない。市民はいかなる種類の強制的干渉に対しても、強固な自由の推定を保持する。悪は市民に降りかかってはならない、という強固な推定を市民は保持する。平均的な市民は、そのような人々として、平均的な被告よりも強い立場から有能性を要求できる(8)。

有能性原理を選挙民に適用する

見たところ、有能性原理は陪審に適用されるのと同等にうまく選挙民にも適用される。以下の五組の仮説的な選挙民について考えてみよう。

無知な選挙民：投票者の多数派は、選挙の詳細や目下の争点に対してまったく注意を向けない。選挙のあいだ、多数派は特定の候補者をランダムに選ぶ。

非合理的な選挙民：多数派は選挙の詳細と目下の争点に対していくらかの注意を向ける。〔しかし〕同時に多数派は、エビデンスに基づいて投票するのではなく、願望的思考や、正当化根拠もなくたまたま信じ込んだ様々ないかがわしい社会科学的理論に基づいて投票する。

欠陥を抱えた選挙民：多数派は選挙の詳細と目下の争点に対して注意を向ける。にもかかわらず、議論の内容のほとんどは多数派の人々の理解のレベルを超えており、それらの人々が実際に有するよりも大きな知性を要請する。それでもなお多数派は、どのような効果がもたらされるかについてなんら実のある手がかりなく、ある候補者を他の候補者よりも好んで選択する。

不道徳な選挙民：人種主義のために、多数派は黒人よりも白人の候補者を選択する。あるいは、軽薄さのために、多数派はより見た目の良い候補者を選択する。

腐敗した選挙民：投票者の多数派は、自身の自己利益に適った政策を、それが少数派を深刻に害するか、あるいは少数派を害する深刻なリスクを伴うにもかかわらず、選択する。

これらのケースのそれぞれにおいて、多数派は社会にいる全員を代表してはいないと仮定しよう。たとえば、知識があり、合理的で、かつ道徳的に理にかなった少数派の投票者がいるかもしれないし、もしくは子どもや在留外国人のような無実の非投票者がいるかもしれない。もしそうだとしたら、多数派の投票者は甚だしくも不正なことを行ったことになる。つまり多数派は、ある支配者を（そして、その支配者が生み出すあらゆる政策を）無実の人々に押し付けるという決定を、その決定を支持すべき十分な根拠もないままに下したのだ。

ここで思い出すべきポイントがいくつかある。第一に、第二章で論じたように、もし投票者が無知であったり、非合理的であったり、あるいは道徳的に理にかなっていなかったりする傾向にあるならば、これらのことには投票所において悪しき選択をもたらす傾向があるのみならず、投票用紙に現れる候補者の質を悪化させる傾向もある。候補者集団の質自体が、選挙民の質にかなり依存しているのだ。第二に、私が本章導入部にて明らかにしたように、私たちは「選挙民は自分自身を傷つけているに過ぎない」とだけ言うわけにはいかない。政治的決定は、反対する投票者や、非投票者や、無実の子どもたちや、移民や、外国人を含む全員に押し付けられるのである。

被告が悪しき陪審に曝されない少なくとも推定的な権利を有するのとちょうど同じように、被治者は政策の選択や政策を作成する支配者の選択において過大なリスクに曝されない少なくとも推定的な権利を有する。信頼できない認識的手続きや理にかなっていない道徳的態度に基づいて選挙に決着がつけられるとき、このことは被治者を深刻な危害の過大なリスクに曝す。被治者は選挙民の決定を遵守するよう強いられるのだから、過失的な決定は容認しえない。選挙民は、被治者を過大なリスクに曝さない責務を被治者に対して負っているのだ。

デモクラシーにおいて、権力の究極的な保有者は投票者である。もし投票者が集団として体系的に無能であるならば、帰結は悲惨なものでありうる。私たちは悪しき投票がもたらしうる損害を低く見積もるべきではない。悪しき投票は甚大な損害をもたらしうるし、これまでもそうであったのだ。アメリカやイギリスにおいては壊滅的にひどい候補者は滅多に勝利を収めるチャンスを有さないとしても、多くの壊滅的にひどい候補者たちが世界の他の場所では選出されてきた、ということを私たちは忘れるべきではない。一九三二年のドイツにおいて国家社会主義ドイツ労働者党員を政権に就かせた投票者たちは、自身の政府が行ったことのすべてについて責任を負わされるべきではない。しかし、その投票者たちの政府が行ったことの多くは、理にかなった程度に知識を有する人であれば誰でも予見可能だったのであり、その政府の支持者たちは非難に値する人々であった。近年では、ベネズエラとギリシャの市民は、経済政策についてのひどい考えを有していた政治家たちを支持したことについて非難に値する。

有能性原理が個別の政治的決定に適用される、ということを思い出すことが肝心である。このことを念頭において私たちは、以下の事柄を区別する必要がある。

選挙上の決定（*Electoral decisions*）：選挙の最中に選挙民が誰を、あるいはなにを選択するか。
選挙後の決定（*Postelectoral decisions*）：選出された公職者や官僚や裁判官やその他の政府公職者が選挙後になにをするか。

有能性原理が述べるのは、重大なすべての個別の政治的決定は、一般的に有能であるような意思決定主体によって、有能かつ誠実な仕方でなされるべきである、ということである。現代のデモクラシーにおいては、投票者が体系的に無能であるために、ほとんどの選挙上の決定が有能性原理を侵害する、ということが明らかになるかもしれない。しかし、それにもかかわらず、多くの選挙後の決定が有能な仕方で下される、ということが明らかになることもありうる。もしそうであれば、有能性原理は（無能な）選挙上の決定は不正だと述べるが、有能な仕方で作成された選挙後の決定のいずれをもそのことで咎めることはない。有能性原理はいかなる類の「汚染理論」をも含意してはいない。つまり、もし先行的もしくは上流の（upstream）決定が有能性原理を侵害しているとしても、すべての後続的もしくは下流の（downstream）決定がその理由によって無効にされるということは導かれない。

例として、あなたのおばであるベティは実のところ存在しうる最高の大統領である、ということを想像してほしい。しかし、誰一人としてこの事実を知らず、それを信じるいかなる理由も持たない、と仮定してほしい。ベティおばさんは平穏で非政治的な日々を暮らしており、彼女が良い大統領であろうことを示す公的に入手可能な証拠はなにもない。ラジオパーソナリティのハワード・スターンが、純粋にとんでもない悪ふざけとして、ベティを選出させるためのキャンペーンを打ち出したと仮定しよう（スターンも他の全員も、ベティは悪い大統領になるだろうと考えているが、そんなことは気にしておらず、彼女を支持することを面白がっている）。スターンが成功をおさめると想像してほしい。つまり、ベティの支持者はみな彼女のことを無能であろうと思っているのだが、彼女は結局のところ選挙に勝ってしまう。しかし幸運にも、ベティは史上最高の大統領であることが明らかとなってしまうのだ。

このケースにおいて有能性原理は、投票者が行ったことは不正だと述べるが、しかしベティが大統領として下す決定のいずれをもそのことで咎めることはない。彼女を大統領にする決定は、それが良い帰結をもたらしたことが幸運にも明らかになったとしても不正だったのだが、その後に彼女が大統領として下す決定は不正なものとはされない。

もしこのことが奇妙であるように思われるならば、このケースを再び医療のケースと比較してみよう。あなたが医者に診てもらいに行くと仮定してほしい。医者は、あなたを診断するために不適切な手法を用いる。医者はアルファベットスープの缶を開け、それを床にぶちまける。文字が「癌（CANCER）」と綴ったため、医者はあなたが癌にかかっていると結論づけ、あなたをアメリカ癌医療センター（Cancer Treatment Centers of America: CTCA）に送る。あなたは実際に癌にかかっており、幸運なことにCTCAはあなたにとって最善の行き先であった。CTCAは素晴らしい治療を施し、あなたは治った。このケースにおいて、あなたがはじめに診てもらった医者が行ったことは不正である――医者はあなたに対する注意義務を侵害したのだ。はじめの医者はひどい行いをしたのだが、CTCAが行ったことが不正であったとか、最初の医者の悪しき意思決定手法によってどこか汚染されていた、などということは導かれない。治療に関するCTCAの決定は、適切な注意と誠実さをもって、有能な仕方で下されたのである。

したがって、はっきりさせておくが、もし選挙民が選挙の最中にいくつもの無能な決定を下したならば、民主的政府がその時点から次の選挙までに行うことのすべてが無能であるとか、不正であるとか、あるいは有能性原理の侵害である、などということを私は論じていない。投票所における無能な投票にもかかわらず、私たちはなお選挙の後で多くの良い政策を享受できるかもしれない。

次章で私は、選挙民が無能だとしてもデモクラシーはしばしば良い結果を生み出す、と考える一連の理由を検討するつもりである。ほとんどの投票者は無知で非合理的だが、現代の代表制デモクラシーにおいて下される選挙後の決定の多く、あるいはほとんどでさえもが有能性原理に従うことが明らかとなるかもしれない。

一部のデモクラシー理論家たちは、ほとんどの個々の投票者が無能だとしても、選挙民全体は有能である傾向にある、と論じている。第七章で私は、これらの議論が失敗することを示すつもりである。しかし、デモクラシーの有能性を支持する主張として、より有望なものがある。とりわけ、主に選挙民が邪魔をしないことによってデモクラシーは良い決定を生み出す傾向にある、と考えるべき良い理由がある。政治家や官僚や裁判官は、投票者の表明された選好を頻繁に無視するか、あるいは覆す。より知識がある投票者は、より知識がない投票者に比べて不釣り合いな影響をもたらすように思われ、このことは投票者の無能さから生じる潜在的な危害をいくらか減じるかもしれない。政府の中で生じる事柄のすべてが直接的あるいは間接的に投票者の行動の結果であるわけではない(9)。

それでもなお、投票は違いを生じさせる。一般的に言って、選挙民の認識的および道徳的性質が低質であるほど、それだけ政府の政策は悪いものになる傾向にある。投票者が誰をリーダーとして選ぶかは、重大な違いを生じさせるのだ。

以上で、有能性原理を支持する基本的な議論が結論づけられる。重大な決定が無実の人々に押し付けられるとき、有能性原理は、すべての個別の決定が有能かつ理にかなった人々によって有能かつ理にかなった仕方で下されることを要請する。この原理は陪審の決定に対してのみ適用されるのではなく、政治的権力を有する人々によって下されるいかなる重大な決定に対しても適用される。

なにをもって有能性とするのか

私は、無能な仕方で生み出された重大な決定を押し付けられない推定的権利を人々は有する、と述べてきたが、まさになにをもって有能性とするのかについての理論を素描するよう試みてはこなかった。政治哲学において私たちは、そうする必要がない限り論争に決着をつけようとはしない。私が見る限りでは、私の議論が成功するためには、私が依拠する必要があるのは有能性に関する比較的論争的でない決まり文句のみである。私が政治的有能性の正確な理論を擁護する必要があるかどうかは明らかでない。結局のところ、政治的有能性と無能性との間の線を正確にはどこに引くべきかを決めるのは難しいとしても、民主的投票者が全体としてその線よりも悪い側にいるということを示すのは簡単なことかもしれない。

それがなぜかを論証するため、私は医療倫理における有能性を扱った関連文献に依拠しようと思う。医療倫理学における大問題の一つは、患者は自分自身のために決定を下せるほどに有能であるか否か、というものである。医者は、どのような治療を求めるかを自ら決定する余地を患者に与えねばならず、患者が無能力である場合にのみ、患者の表明した決定を覆してよい。ジリアン・クレイギーが述べるところでは、「有能性の標準的な基準」は以下の通りである。

・患者は関連する事実を認識していなければならない。

・患者は関連する事実を理解していなければならない。
・患者は自分自身の個別のケースにおけるそれらの事実の関連性がわかっていなければならない。
・患者はそれらの事実について適切な仕方で推論できなければならない[10]。

これら四つの基準の詳細をどのように埋めていくかについて人々が論争することは理にかなっているだろうが、抽象的にはこれらの基準には異論の余地がないように思われる。実際、これらの四つの基準は、私たちが医療的決定に限らずいかなる事柄についても有能性を評価する際に用いるであろうものと同じであるように思われる。

私たちは同じ基準を、ある医者があなたを治療できるほどに有能であったかどうかを評価するために用いるだろう。医者は関連する事実を認識していなければならない。もし医者があなたの病歴や症状についてなにも知らなかったら、私たちはその医者があなたを治療できるほどに有能であるとは言わないだろう。また、医者はその事実を理解していなければならない。あなたがひどい息切れを起こしていると仮定しよう。あなたは喘息をもっていることを医者に伝え、医者は次のように応じる。「よろしい、わかりました。喘息という症状があり、あなたはそれにかかっている。私自身は喘息がなんなのかを知らないのですが、大変そうじゃありませんか。どうですか。」この医者は、あなたを助けられるほど有能ではない。医者はあなたのケースにおける当該事実の関連性もわかっていなければならない。例えば、便が明るいフクシャのようなピンク色で、内出血を起こしているのではないかと心配していることを医者に伝えたと仮定しよう。加えて、あなたは過去の三日間に赤いジェロー

〔Jell-O：市販のゼリー菓子〕とビーツ以外にはなにも食べていないことをも医者に伝えたと想像してほしい。医者はこれがあなたの大便が赤いことの原因だと説明すると理解すべきである。最後に、医者はあなたのケースについて適切な仕方で推論することができなければならない。医者は前述の事実をすべて理解しながらも、ウィジャ盤〔心霊ゲームで用いられる玩具〕に問いかけた上であなたにＭＲＩ検査を施したと仮定しよう。ここでもまた、医者は無能な仕方で行為したことになる。

あるいは、詰まった水道管を修理するために、あなたが配管工を雇ったと仮定してほしい。なにをもって有能な配管工とするのだろうか。配管工を有能なものとするのがまさになんであるのかを知るためには、配管を知る必要がある。配管工たちはいくつかの難解なケースについては意見を違えるだろうと私は想定する――たとえば、ある見習い配管工が有能と認められるべきか否かといったことについては。それでもなお、配管能力を評価するための抽象的な基準はシンプルである。私たちは有能な配管工に対し、目下のケースにおける事実を認識し、それら事実がなにを意味するのかを理解し、なにをすべきかを決めるためにそれら事実をどのように適用すべきかを理解し、それら事実について適切で合理的な仕方で推論することを期待する。したがって、もし配管工が、あなたの水道管が詰まっていることを理解して、詰まりを直すためにあなたの庭の草を刈る必要があると結論づけるならば、その配管工は無能である。もし配管工が、水道管が髪の毛で一杯になっていることを理解した上で、なぜこれが水の流れを止めうるのかについてなにもわからないならば、その配管工は無能である。もし配管工が、詰まりに対する最適反応は配管の神に祈って助力を乞うことだと考えるならば、その配管工は無能である、等々。

私たちはこれら四つの基準を用いて、陪審を有能なものとするのはなにかを決定することができる。陪審は関連する事実を認識していなければならない。そのため、たとえば、被告が左利きであることを陪審員たちは知らないのだが、被害者は犯人の右手で刺されたように思われる、という場合には、その陪審員たちは当該事件について決定を下せるほどに有能ではなさそうである。陪審員たちは事実を理解していなければならない。たとえばもし、陪審員たちが利き手というものの意味を知らなかったならば、陪審員たちは当該事件について決定を下せるほどに有能ではなさそうである。陪審員たちは当該事件に対するそれら事実の関連性を理解していなければならない。そのため、もし陪審員たちが前述の事実を知っているとしても、被害者が右手で刺されたという事実は被告が被害者を襲ったか否かについて疑いを投げかけるものである、という点に気づかないならば、陪審員たちは当該事件について決定を下せるほど有能ではない。陪審員たちは、適切な仕方で推論することもできなければならない。もし、被告が有罪であるということについての強い疑いを証拠の重みが示唆するにもかかわらず、陪審員たちが単に誰かが罰せられることを欲するというだけの理由で被告を有罪とするならば、陪審員たちは無能な仕方で行為したことになる。

　第二・三章にて私は、投票者たちが知っていることと知らないことについての事実、投票者たちがなぜ、どのように政治的信念を形成するのかについての事実、投票者たちが新たな情報に対してどのように反応するかについての事実、および投票者たちがどのように決定を下すかについての事実を、かなりの紙幅を割いて検討した。それらを考慮するならば、選挙民は端的に無能であるように思われる。候補者たちは、政策綱領と政策選好をアピールしながら立候補する。ほとんどの投票者たちは事実について無知であるか、無知にも満たない。投票者たちは、候補者の実績と提案を評価するために必要な、基本的な公民科と、近年の歴史と、候補者の綱領と、異なる公職に備わる権限と、社会科学についての知識を欠く。投票者たちは、現職者たちとその挑戦者たちが誰であるか、現職者たちとその挑戦者たちがなにをしたいのであり、どのようなことをする権限を有するのか、そしてこれらの候補者たちが勝った場合になにが起きると見込まれるのかを知らない。ほとんどの投票者たちは、非合理的で気まぐれな仕方で政治についての決定を下すのである。

さて、一部の人々は、デモクラシーは他の多くのシステムよりもうまく機能すると言うかもしれない。たしかに、デモクラシーにはそのような傾向がある。デモクラシーは平和的な権力移譲をもたらす傾向性を有し、民間人の大量殺害に与しない傾向性を有し、滅多に飢餓に陥らない。このことは、デモクラシーを独裁制よりも良いものとするかもしれないが、しかしこのことは、ほとんどの選挙において選挙民が有能な仕方で行動するということを示すには十分ではない。

つまるところ、二人の医者について描写してみよう。一人は、患者を助けたいと思っているが、常々誤った薬を患者に処方するやぶ医者である。もう一人は、患者のことを気にかけず、患者を常々利用し、気が向けば患者を殺害しさえする下衆である。第一の医者は全体としては第二の医者よりも良いかもしれないが、しかしそのことは、第一の医者を有能とするには十分ではない。

民主的有能性についての穏当な立場から、投票者が以下のことをすべきであると述べてよいだろう。

・投票者たちは、常にどこかで入手可能な最善の情報に基づいてではなくとも、広範に入手可能な良い情報に基づいて行為すべきである。

・投票者たちは、大衆の迷信や体系的誤りを避けるべきである。

・投票者たちは、穏当に合理的でバイアスのかかっていない仕方で情報を評価すべきである――ヴァルカンのように完璧にではないとしても、少なくとも大学一年生が有機化学概論について考察する際に発揮する程度の合理性を備えた仕方で。

・投票者たちは、自分自身の限界を意識した上で、いかなる重大な決定についても、より多くのより良い情報を常に探し求めるべきである。

私たちが見てきたように、ほとんどの投票者たちは、この穏当な基準群さえも満たさない。ほとんどの投票者たちは自分自身を過大評価する。それらの人々は情報を探し求めないか、あるいは自身が合理的でない理由によってすでに抱いている信念をなんであれ強化するような情報を探し求めるのみである。集合的には、投票者たちは大衆の迷信にとらわれ、体系的誤りを犯す。最後に、投票者たちは自分自身がどれだけ知らないかということを知らない。

また、デモクラシーが独裁制よりもうまく機能する理由は、選挙民が有能だからではなく、選挙民の権力が大いに制限されているからである、ということもありうるだろう。私は次章でこの点についてさらに論じるつもりである。

文脈に応じた有能性

ここまで私は、現代のデモクラシーにおいて実践されているような普通選挙制は有能性原理を侵害する傾向性を有する、と論じてきた。私はいまだ、この点を考慮した上での積極的な政策提案を行っていない。

有能性原理は、政治的権力の分配を評価するための唯一の原理ではない。他にも、権力の配分を制限あるいは決定するような義務論的原理があるかもしれない。権力を分配するためのある仕方は、他の仕方に比べ、（より正義に適ったものを含む）より良い政治的結果を生み出す傾向性を有するだろう。おそらく、異なる権力配分の帰結もまた重要である。

正統性と権威の諸理論は、一般的に言って、二種類の原理から成る。〔一方で〕それらは、権力をある仕方で分配すること、あるいは権力の射程のある仕方での拡張を許すことに反対する根拠を明確にするような、失格認定の原理——約言して、失格基準（*disqualifier*）——を有する。〔他方で〕それらは、権力をある仕方で分配すること、あるいは権力の射程のある仕方での拡張を許すことを支持する根拠を明確にするような、適格認定の原理——約言して、適格基準（*qualifier*）——をも有する。場合によっては、一つの原理は失格基準と適格基準の双方の役割を果たす。

有能性原理は失格基準である。この原理は、誰かに権力を授けることを正当化するものではない。この原理はむしろ、ある人々や政治体が権力を保持することを許さない根拠、および、一定の決定の実施を許すことに反対する根拠を提供する。有能性原理に照らして私たちがまさになにをすべきかを知るためには、政府の正統性と権威についての完全な理論が必要である。私たちは、他のどのような原理が権力の使用を規制するかを知る必要がある。私はここで、正統性と権威の十全な理論を明示化しようと試みてはいない。それは本書の射程を超えることだからである。そうではなく、本章において私は、正統性と権威についてのあなたの理論がなんであれ、その理論に有能性原理を付け加えるべきである、ということを論じているのである（これまでの章で私は、あなたの理論がなんであれ、その理論からデモクラシー支持的かつ反エピストクラシー的な数多くの原理を差し引くべきである、と論じた）。

有能性原理を遵守するため、政治システムは以下のいずれかの点について修正を施す必要があるかもしれない。

統治の規模：会社や市場と同様に、政府には規模の経済と不経済がある。三百万人の人々を統治するのに有能な組織は、三億人の人々を統治するには無能であるかもしれない。もし政府がこの意味において過大か過小であるならば、政府はより小さな複数の政府に分裂するか、あるいは他の政府と結合しなければならないかもしれない。

統治の射程：統治の射程は、政府が規制する権利を有する問題や問題領域に関わる。リバタリアンは狭い統治の射程を支持し、政府はほとんどの事柄に手を出さずにいるべきであると考える。全体主義者は広範な統治の射程を支持し、政府はすべての事柄に手を出すべきであると考える。私たちは原理上、政府が一定の課題をこなしたり、一定の事柄をコントロールしたりすることを欲するかもしれない。しかし、もしある政府が、それらの課題をこなしたりそれらの事柄をコントロールしたりするには体系的に無能であることが明らかとなるならば、市民は、それらの問題を放っておくようなより限定された政府への道徳的権利を有する。そのため、たとえば、政府は価格設定をするには無能なのだから、政府はそうすることを禁じられる。

統治のタイミング：統治のタイミングは、政府がどれだけ迅速に問題に反応するか、および政府の熟議がどれだけ迅速に進行するか、という双方の意味において、政府の決定がなされるスピードに関わる。政府は、その意思決定を加速あるいは減速するよう要請されるかもしれない。

統治の形態：統治の形態は、誰が支配し、政治的権力がどのように分配されるかに関わる（たとえば、政府は君主制か民主制か。政府は大統領制を採っているか、議院内閣制を採っているか。政府は投票ルールとして比例代表制か、コンドルセ方式か、それとも単純小選挙区制を採っているか）。政府は、政治的権力の保持者を制限ないし変更したり、政府内で一定の抑制ないし均衡を創出（あるいは除去）したりする必要があるかもしれない。

有能性原理は無能性を禁じるものの、それ自体ではどのように有能性を得るべきかを教えてくれない。有能性原理を遵守する最善の方法は、正統性や、権威や、正義や、効率性や、安定性といったものについての他の原理を含め、私たちの関心事に依存する。それはまた、文化間や国家間で異なりうる経験的事実にも依拠するだろう。

有能性原理の適用例

本節では、有能性原理のいくつかの適用例を概説する。これらの適用例の一つひとつは、有能性原理それ自体のみならず、社会学や経済学や政治心理学についての追加的な主張にも依存している。そのため、もし以下の例のいずれかが悪しき政策であるとしても、それは必ずしも有能性原理が誤っているからということにはならない。むしろそれは、これらの追加的な主張が誤っているからである。

統治の規模

大規模な国は多民族的かつ多言語的であることが多く、多様なナショナリティによって構成されている。様々な理由から、このことは平均してより低質な政府をもたらすように思われる。アルベルト・アレシナ、エンリコ・スポラオーレ、そしてローメイン・ワクシアーグといった経済学者らは、この問いに関する研究のいくつかを要約して次のように述べる。

人口における多様性のコストは、特に民族言語的な断片化が選好における多様性の代理指数として用いられているような場合について、よく示されてきた。Easterly and Levine（1997）、La Porta et al.（1999）、および Alesina et al.（2003）が示したところでは、民族言語的な断片化は、経済的成功や、政府の質、経済的自由、デモクラシーといった様々な尺度と逆相関している(11)。

ここでの基本的な考えは、よく機能する政府は市民間の相互信頼に依拠する、ということである。しかし、民族的および言語的な多様性は信頼の低下を招き、その低下は投票者が（そして、続いて政治家が）より大きな相互不信と争いに陥る原因となり、そのことはより悪い政治的結果をもたらす。場合によっては、より小さく、より多様でない国々へと分かれる方がよいかもしれない。さて、有能性原理が述べるところでは、市民は無能な決定や不誠実な仕方で下された決定に従わされない権原を推定的に有する。このことが意味するのは、少なくとも推定的には、もしある国を分割することが政治的有能性と誠実性を保証するために必要であるならば、市民はこのような分割への権利を有する、ということである。

統治の射程

スティーヴン・ネイサンソンの著名な論文「私たちは死ぬに値する人々を処刑すべきか」[12]について考えてみよう。ネイサンソンは、議論のため、一部の人々（たとえば、一部の殺人者など）は死ぬに値すると想定する。彼が述べるところでは、その人々は死ぬべきなのだが、それは国家がその人々を処刑してよいということを意味しない。ネイサンソンによれば、陪審員や、検察官や、裁判官や、その他の人々は、死刑についての決定を恣意的かつ人種主義的な仕方で下す。したがって彼らは、誰を殺すかを決定するに際しては認知的かつ道徳的に無能なのであり、この無能性のため、殺しの許可を得る資格がないのである。ある人がある刑罰に値することは、政府がその人を罰する権利を有するには十分ではない。つまり、政府は刑罰についての決定を受容可能な仕方で下すことをもしなければならない。ネイサンソンの議論は事実上、有能性原理の適用例である。もし、合衆国の陪審員や検察官や裁判官は死刑について人種主義的かつ恣意的な決定を下す、という点について彼が正しいならば、有能性原理はこうした人々がそのような決定を下すことを推定的に禁じる。

有能性原理がどのように統治の射程を制約しうるかについて、もう一つの例を示そう。民主的政府は、法令によって物価を設定することができる。つまり、市場プロセスを通じて価格が決まってくるようにしておくのではなく、私たちは、理由づけられた熟議を通じて価格を直接的に設定しうるのだ。〔しかし〕経済学者たちが論じるところでは、様々なケースにおいて、社会構築の創発的手法は直接的手法よりも賢く迅速であるのみならず、直接的手法は不適切である。経済学者たちが述べるところでは、政治システムは必要な情報を得ることができないため、価格を設定するには無能である[13]。

もし経済学者たちが、政府は価格設定をするには無能であるという点について正しいならば、有能性原理は政府がそれを行うことを推定的に禁じる。価格統制への経済学的な反対論は古くからあり、経済学的にリテラシーのある人であれば、（例外的な情況にある場合を除けば）価格統制を支持する者はいまやいない。しかし、有能性原理はその古くからの経済学的議論にさらなる規範的な重みを加える、という点に注意してほしい。価格統制は実利的でなく（imprudent）、無駄が多く、非効率的であると経済学者ならば述べるかもしれないが、それだけではない。有能性原理は、価格統制は不道徳でもあり市民の権利を侵害する、ということを付け加える。有能性原理が含意するところでは、個々の市民は、自らの政府が価格設定を控えることを要求する道徳的権威を有する。政府は価格を設定し実施することをまったく許容されていないのであり、市民は価格統制を尊重し支持するよう拘束されてなどいない。

統治のタイミング

ジェイムズ・マディソンはおそらく合衆国憲法の筆頭著者であり、そしてもちろん、『フェデラリスト・ペーパーズ』の筆頭著者であった。マディソンがチェック・アンド・バランスのシステムを支持し、政治が対抗のシステム（an adversarial system）であることを望んだことはよく知られている。そのシステムにおいては、なんらかの党派が現れた場合には、その党派は対抗的な党派によって自らの権力を制約される。

ほとんどの人々が解釈するところでは、マディソンがこのような事柄を支持するのは、彼が多数者支配に対して深い疑念を抱いていたからである。このような一般的な解釈によれば、チェック・アンド・バランスのシステムは、ある立法案が可決されて法律となる前に、圧倒的多数がそれを支持するよう事実上要請することを狙いとしている。

政治理論家グレッグ・ウィーナーの見解は異なる。ウィーナーは近年の著書『マディソンのメトロノーム』において、多数者支配と立憲主義にまつわる諸々の問いについて、マディソンの様々な議論と立場を広範囲にわたって分類している[14]。ウィーナーが主張するところでは、マディソンがチェック・アンド・バランスのシステムを欲した主な理由は、党派主義や多数者支配を縮小するためではなく、政治的意思決定のプロセスを減速させるためである。ウィーナーによればマディソンは、民主的政体は性急さと情念の噴出に陥りがちである、と考えていた。この性急さが、健全で合理的な決定の妨げとなる。マディソンは、衝動的な決定を防止するために、立法プロセスを入り組んだものにすることを望んだのだ。

類推として、ある十二歳の子が耳にピアス穴を開けたがっていると仮定してほしい。その子の親はこう言うだろう。「反対しないけど、あなたが出来心とかみんながやっているからとかいった理由でそうしたがっているのではなく、本当に耳にピアス穴を開けたがっている、ということは確かめたい。だから、あなたが六ヶ月経ってもまだピアス穴を開けたいと思っていたら、そうしてもいいよ。」ウィーナーの見解によれば、マディソンは憲法をこの例における親の役割を果たすものとして考えるのである。

統治の形態

平均的に言って、民主的政府は、君主制や、寡頭制や、独裁制や、伝統的な貴族制よりもうまく機能する傾向にある。〔それでもなお、〕第二・三章の議論を考慮すれば、私たちはデモクラシーが有能性原理を体系的に侵害すると考えるべき多くの理由を有している（次章にて、この結論に抗おうとするいくつかの試みを検討する）。

エピストクラシーのなんらかのバージョンが有能性原理を満たすのに対して、デモクラシーはそれを体系的に侵害することがわかった、と仮定しよう。その場合には、有能性原理はデモクラシーを推定的に失格とする。有能性原理は失格基準であって適格基準ではないので、この原理は、デモクラシーが失格であるからといって、エピストクラシーが正義に適っているとか、正統であるとか、権威的であるといったことを私たちに教えはしない。しかしこれまでの章で私は、エピストクラシーへの反対論ないしデモクラシーの支持論の多くが失敗するということをすでに示した。

現時点で私たちは、デモクラシーに反対し、かつエピストクラシーを支持する強力な推定的議論を手にしている。この推定的議論に対しては、二つの大きな異議がある。第一に、一部のデモクラシー理論家が論じるところでは、投票者の多数が有能ではないとしても、民主的決定は全体として有能なものである傾向性を有する。私は次章でそのような議論を検討する。さらに〔第二の異議として〕、私たちがデモクラシーよりもエピストクラシーを選ぶべきであるか否かは、私たちがエピストクラシーをデモクラシーよりもうまく働くような仕方で実際に生成できるか否かに依存する。私は第八章でこの問いをより詳しく見ていくつもりである。

注

（1）成人普通選挙権にコミットしている人であれば誰でも未成年の投票をも受容しなければならない、ということを示す議論として、López-Guerra 2014 を参照。

（2）したがって支配権は、許容と請求権の双方を含む。

（3）Cf. Estlund 2007, 2.

（4）Ibid., 2. 以前の政治哲学において、これらの用語はいいかげんで非統一的な仕方で用いられていた。しかしこの十年ほどの間に、これらの用語をまさに私がここで定義するような意味で用いることが慣例となった。

（5）上訴や、下級審判決の破棄や、下級裁判所への差し戻しが成功した例を以下に挙げる。ある陪審員が思い込みの激しい人であった例として Sullivan v. Fogg（613 F.2d 465, 2nd Cir. 1980）を、ある陪審員が居眠りしていた例として State v. Majid（2009 WL 1816946）を、人種主義的な陪審員がいた例として Spencer v. Georgia を、そして、被告が巻き込まれていたのとよく似た三角関係の恋愛に陪審員の一人が巻き込まれていた、ということが明らかとなったために有罪判決が破棄され、下級審に差し戻された例として Jackson v. United States（1968）を、それぞれ参照。

（6）陪審と被告との間のこうした関係は、陪審員たちには被告に対する信任義務のようなものがある、と考えるべき根拠を提供する。しかし信任義務の類推は、陪審員たちの責務を十全に言い表すものではないように思われる。被信任者が信任者本人の信託に違背するとき、これは通常は故意の不法行為として考えられる。信任者本人は、自らの被信任者が与えた損害について訴えることができる。そのうえ、ほとんどの被信任者―信任者本人の関係は契約上の、自発的なものである。

（7） クリストファー・ヒース・ウェルマンとA・ジョン・シモンズが述べるように、「多くの市民にとって、自らの国家に留まり（ほとんどの）法に服従することに代替する受容可能な選択肢はほとんどなく、ほとんどの人にとって、国家への積極的な抵抗は事実上不可能である。そして、私たちの誰にとっても、次のことに代替する選択肢などない。つまり、そのいずれもが（少なくとも）同様の核心的な要求を私たちに課してくるような、なんらかの国家の内に住むことである。これらの事実は、政治的同意としての拘束力ある行為と呼ばれうるような広く遂行されている行為のいずれについても、その自発性について深刻な疑念を生じさせる」（Wellman and Simmons 2005, 118）。

（8） 有能な政府への権利は大部分が行使不可能である、という異論を提起する者がいるかもしれない。この権利は行使不可能なのだから、それは存在しないのだ、と主張する者がいるかもしれない。私はこの主張――この権利は行使不可能であるという主張――が真であるかどうかわからない。第八章で私は、この権利を行使するよう試みるいくつかの可能な方法を検討するつもりである。しかし、仮にこの権利が行使不可能であったとしても、そのことは、この権利が存在するか否かを私たちに教えたりはしない。ある人は、なにかに対する権利を、自身がその権利を実効的に行使することができない場合でも保持する。たとえば、ヨシフ・スターリンは数百万もの人々を殺害し、刑罰を免れた。これらの人々は、生命に対する権利を実効的に行使できなかったとしてもその権利を有していた、と私たちはなお言うであろう。ある世界において、不運のために誰一人として生命権を行使する仕方がわからないとしても、そのことは、人々が生命権を有さないとか、あなたが殺したいと思った人を誰でも殺すことが正統であるとかいったことを意味しないだろう。

（9） たとえば、Glennon 2014 を参照。

（10） Craigie 2011.

（11） Alesina, Spolaore, and Wacziarg 2005, 1504.

（12） Nathanson 2000.

（13） Alston, Kearl, and Vaughan 1992; Rockoff 1984; Hayek 1945.

（14） Weiner 2012.

第七章　デモクラシーは有能であるのか？

第二章、第三章において、デモクラシーでは市民の多くが、ホビットまたはフーリガンであることを確認した。投票者の大部分は誠実ではあるのだが、無知で非合理的であり、そして誤った情報に惑わされている。自分たちが国益であると認めるものに票を投じてはいるのだが、素直に理解すれば、投票者は総じて有能ではないということを示すエビデンスが存在する。彼らは、より精確な情報に基づいて合理的に情報を処理さえすれば、自分が支持しないはずの悪い政策（または悪い政策を支持する政治家）を支持してしまっている。

こうした一見すると単純な結論は間違っているかもしれない。というのも、少なくとも理論的には、デモクラシーの選挙民を構成する圧倒的な多数派が、たとえ個人として政治的能力に乏しいとしても、集団全体としては有能でありうるからだ。知性というものは、場合によっては意思決定システムから創発するという特性をもつ。つまりそうしたシステム内部の全員または大部分が、個人として無能であったとしても、システムとして有能でありうる場合があるのだ。

創発的な集合知として最もよく理解される具体例に、市場価格がある。市場価格は、市場における個々の行為から発生しており、それぞれがほぼなにも知らずに、そして大規模な経済を計画する専門家たちが存在しなくとも、そうした価格が、迅速かつ効率的に数十億人の経済活動を調整している。もう少し具体的に言えば、誰もＨＢの鉛筆を原材料から作り上げる知識や能力（木を育てて、その木を切り出すためのノコギリを作ったり、材木を製材所に運送するトラックを生産して、さらに塗料を作ったりする等）を持ち合わせていないのだが、市場はそれらを安価かつ効率的に作り上げてしまうのだ[1]。人々は、個人としては自分で鉛筆を作れないほどに愚かなのだが、市場経済という集団としては鉛筆を作り上げてしまうほどに優れているのである。

少なくとも、デモクラシーがこの点において市場に似ていることはありうる。多くの愚かな人々による集合的な意思決定が、賢明な結果を生み出すかもしれない。誤った情報に惑わされた膨大な人数の投票者による意思決定が、精確な情報に基づいたより少数の投票者による意思決定に勝ることも可能である。さらに、少なくともなんらかの形態のデモクラシーが、最も善いエピストクラシーと比較してもなお、常により賢明な決定をすることもありうる。

政治理論家たちは、このように政治的能力が民主的な意思決定から創発する特性をもつことを証明するため、しばしば三つの数理的な定理を引用している。

集計の奇跡の定理：広範なデモクラシーにおける誤りがランダムに分布する場合、そのほとんどが無知である投票者から構成されるデモクラシーは、精確な情報に基づく投票者が少数でも存在する限りにおいて、全員が精確な情報に基づく投票者から構成されるデモクラシーと認識的

な観点において同程度の能力を発揮する。(2)

コンドルセの陪審定理：投票者が独立しており、そして平均的な投票者が十分に意欲的で五割以上の確率で正解を選ぶ場合、デモクラシーの規模が大きくなればなるほど、選挙民が正しい回答を選択する確率は1に近づく。(3)

ホン＝ペイジの定理：集合的な意思決定を行うプロセスに参加する人々のあいだの認知的多様性は、適切な条件下では、参加者一人ひとりの信頼性や能力を向上させることよりも、そのプロセスが正しい結果を生み出すことに大きく貢献する。(4)

これら三つの定理はすべてデモクラシーの認識的擁護に使用できる。デモクラシーの認識的擁護とは、デモクラシーが、賢明であるか、少なくとも十分に賢明な決定をもたらすことを明らかにしようとするものである。

本章では、いずれの定理をもってしても、実際のデモクラシーが有能であることを証明できていないと主張する。これらの定理は、特定の条件が満たされる場合にのみ、デモクラシーが賢明でありうることを示す。しかし、いずれの定理においても、そうした条件が満たされないことを指摘する。ホン＝ペイジの定理と集計の奇跡の定理は、数理的には興味深い知見ではあるが、現実政治について何かを知らしめるものではない。コンドルセの陪審定理は、デモクラシーを支えるものではなく、むしろこれをたたき切ってしまう凶器におあつらえ向きである。

そうはいいながらもデモクラシーは、投票者がどれだけ誤った情報に惑わされ合理的でないにもかかわらず、われわれが期待するよりも良い結果をもたらしている。本章後半の数節では、デモクラシーがわれわれの期待を系統的に上回る理由をいくつか概説したい。ただ残念なことに、このデモクラシーが期待以上の働きをすることについてのもっともらしい説明は、大半のデモクラシー支持者が望むほどには投票者に向けられていない。民主的な政治では、政治家や官僚、その他の人々が、多くの投票者が反対することを行う余地が認められている。しかしデモクラシーが、たとえ選挙の後において良い決定をする傾向があるとしても、そのことは私がエピストクラシーを支持する主要な議論には影響を与えない。要するに、選出されたリーダーや官僚、その他の人々が、選挙の後において有能性原理を満たさない可能性は低いとしてもなお、投票者は、選挙の最中にあって系統的にそうした原理を満たしていないようなのだ。

アプリオリな証明VS経験的な実情

デモクラシーに対する認識的批判は、アポステリオリないし経験的に行われる傾向がある一方、多くのデモクラシーの認識的擁護は、アプリオリないし理論的に行われる。(5) 先に列挙した三つの擁護は、いずれも同様の構造になっている。それぞれが、数理的定理やモデルを用いて、ある条件が満たされる場合、民主的な決定手続きは良い結果をもたらすに違いないということを明らかにしている。これとは対照的に、ソミン、カプラン、マイケル・X・デリ・カルピーニ、スコット・キーター、そしてアルトハウスなどによる政治的無知についての研究は、経験的に行われる傾向がある。その懸念は、たいていの場合に次のようなものである。市民は、知識レベルが高いとは言えず、集団としても系統的な誤りを犯している。そして市民は、より精確な情報に基づいてさえいれば、自分が選ばないはずの選択をしていたり、そうした政策を支持してしまっているのだ。

系統誤差〔偶然ではなく一定の傾向をもって測定される偏り。バイアス。〕に基づく批判が極めて重要になってくるのは、市民による系統誤差が実証されてしまえば、デモクラシーから創発する知性についての三つのアプリオリな擁護にとって、都合の悪い材料となってしまうからだ。もし市民が系統的に誤っている場合、彼らの誤りは、その定義上ランダムに分布しておらず、いわゆる集計の奇跡は起こらない。もし市民が系統的に誤っている場合、コンドルセの陪審定理は、デモクラシーを擁護するというよりは非難することになるだろう（それは、デモクラシーが常に誤った選択を行うことを示唆するであろう）。もし市民が系統的に誤っている場合、彼らは認知的多様性を備えておらず――むしろ世界を認知する誤った同一のモデルを共有しており――ホン＝ペイジの定理は適用されない。要するに、市民が系統的に誤っていないことは、三つの定理すべてにとって不可欠なことなのだ。

繰り返しになるが、デモクラシーを擁護する議論のすべてが、そうした定理に依拠しているわけではない。本章後半の数節では、投票者が系統的な誤りを犯していたとしても、成功する可能性のあるいくつかのデモクラシーの認識的擁護について説明したい。興味深いことに、これらの擁護のほとんどに共通するのは、投票者の多数派が選挙の最中に望んでいることは、それほど重要ではないという考え方である。政府関係者たちは、選挙の後に、むしろ中位投票者や多数派が望んでいることを行わない傾向にある。

理論的な定理に依拠する政治理論家の一部は、自分たちのデモクラシー擁護が、経験的なものに対比されるアプリオリなものであることを容易に認めている。たとえばランデモアは、次のように述べている。

> この著作で提示される認識的な主張の第三の特徴は、それが経験的ではなく、理論的でありアプリオリであるということである。したがって私は、経験的エビデンスについての事例研究ではなく、モデルと定理に依拠したデモクラシー擁護論を展開している。……私の主たる関心は、民主的な意思決定の理想にある。[6]

デモクラシーの批判者たちは、現実のデモクラシーが、事実の問題として系統的な誤りを犯していることを指摘する。よってランデモアは、そうした観点からも批判者たちに応答する必要がある。彼女は、より適切な経験的事実をもって批判者たちの経験的主張を反駁することで、そういった論者が、実際にはデモクラシーの系統的な誤りを実証していないことを説明する必要がある。このように認識的な観点からデモクラシーを擁護する論者にとっての課題は、数理的なモデルが、予め設定された非現実的な条件下で適用されると示すことではなく、現実の、または、ありうる民主的な意思決定が、それらの定理をもってして適切にモデル化されていると示すことである。もし、そうしたモデル化に失敗しているならば、これらの定理は、単に数理的に興味深い知見に過ぎないということになる。

ランデモア自身も、市民による系統誤差が明らかになってしまえば、そのことが、デモクラシーを支持する自分の論証にとってアキレス腱になることを認めてしまっている。

前章で私が導き出した集合知に関する楽観的な結論にとっての主たる懸念は、この結論が、なんらかの形で、（集計の奇跡であれば）正しい回答のまわりに誤りが対称的に（ランダムであるかどうかは別として）分布していたり、（ホンとペイジの説明であれば）誤りが負の相関関係にあるという仮定を前提にしているということである。(7)

もしこれらの仮定がいずれも誤っているならば、彼女の議論は失敗することになる。そして、同様のことはコンドルセの陪審定理にも言えるだろう。

集計の奇跡

多くの政治理論家や哲学者たちは、集計の奇跡というものを信じている。この奇跡は、精確な情報に基づく投票者がほんのわずかしかいない大規模なデモクラシーが、そうした情報に基づく投票者のみで構成されるデモクラシーと同程度の能力を発揮すると主張する。

この定理の証明は単純である。エイブとボブという二人の候補者がいるが、エイブはボブより優れている。さらに投票者の九八パーセントが完全に無知であるとしよう。この投票者が投票する場合、彼らは無知なのだから理由もなくいずれかを選んでおり、それは、コイントスのような無作為な投票になる。このとき、投票者の母数が大きい場合に限って、無知な投票者の五〇パーセントはエイブに票を投じるが、もう五〇パーセントはボブに票を投じることになる。よって、無知な投票者は、互いの票を相殺するにすぎない。残りの二パーセントの投票者は、精確な情報に基づいてエイブがボブよりも優れていると知っているとしよう。そうすると彼らは、全員がエイブに票を投じるはずである。よって最終的な集計では、エイブが五一パーセントの票（精確な情報に基づく投票者に加えて無知な投票者の半分）を獲得する一方、ボブは四九パーセントの票（無知な投票者の半分のみ）を獲得する。結果として当選するのはエイブになる。

集計の奇跡の定理は、無知な投票者が、正しい回答を中心にして無作為に投票する場合にのみ成立する。第二章で説明したように、実証研究によれば、現実の投票者は、必ずしもそのように投票しておらず、系統的な選好をもっていたり、系統的な誤りを犯している。[8] 精確な情報に基づく市民と誤った情報に惑わされた市民では系統的に異なる政策選好をもっている。[9]（人種、収入、性別、その他の人口統計上の要因を問わず）人々は、より精確な情報に基づくにつれてリバタリアンになるというわけではないが、大枠としては、政府による経済への介入や統制を望まなくなる傾向にある。彼らは、自由貿易を支持して保護主義を望まなくなる。または、妊娠中絶合法化を支持するようになる。税収増が赤字と債務に補填されることを支持するようになる。犯罪に対する懲罰的な措置や厳罰は望まなくなる。非軍事的な干渉を支持する場合はあるが、軍事政策についてはタカ派でなくなる。積極的差別是正措置を受け入れるようになり、公立学校で祈りを捧げることを認めたがらないようになる。医療保険に関わる問題については、市場による解決を支持するようになる。法律を考える上で道徳を持ち出さず、政府が人々に対して特定の道徳を押し付けることを望まなくなる。その他にも、色々ある。これとは対照的に、人々が無知であるにつれて、保護主義、中絶の制限、犯罪の厳罰化、債務超過への無策、強硬的な軍事介入などを支持するようになる。繰り返しになるが、これらの結果は、情報が多い投票者と少ない投票者のあいだの人口統計的な違いを統制してあるということに注意してほしい。つまり無知な投票者は、無作為に投票しているわけではないということだ。

無知な投票者は、無作為な選好とはほど遠い系統的な政治選好をもっているばかりか、外見の魅力や名前の響きだけで候補者を選んでいるといった系統的なバイアスがある。政治的な能力に乏しい市民は、ダニング＝クルーガー効果により、誰が自分よりも有能であるのかを把握することにも苦労する。(10)そういう人は、最も有能な候補者だけでなく、そのことについて助言を仰ぐに最適なひとも見極められないものである。

現実世界では、いわゆる無知な投票者はまったくの無知というわけではない。ほとんどの投票者は、誰が現職議員であるのかも分からないのだが、それでも全体的にいえば、情報が乏しい投票者には、対抗馬よりも現職者を選ぶというバイアスがある。無知な投票者による無作為投票についてのソミンの研究では、「直近六回の大統領選（一九七二年—一九九二年）から得られたサンプルから［集計の奇跡］を検証した近年の研究は、投票者の様々な背景的特徴を統制したとしても、情報が乏しい場合は、現職者に有利となる平均五パーセントの集計バイアスが生じることを示している」と結論づけている。(11)情報が多い投票者の割合がよほど高くない限り、この五パーセントの集計バイアスは、集計の奇跡を起こさせないには十分である。

もう一つの問題は、投票者は、誰かに追従するということである。何人かの比較的に無知な投票者が、政治的プロセスの早い段階において、特定の候補者を支持することを無作為に決めたとしよう。それを見た他の無知な投票者が、次々とその候補者を支持する可能性が高まる。無知は、相殺されるどころか増幅するわけである。[12] むろん、このことを誇張しすぎてはならない。まずもって政治に注意を払う人々——決選投票まで残る候補者を選ぶ傾向がある人々——は、情報が少ないホビットとは対比される情報が多いフーリガンである傾向がある。フーリガンもまたバイアスがあるのだけれども、少なくとも何らかの知識を持ち合わせている。アメリカの大統領選では、情報に通じた投票者は、予備選のあいだに候補者を選んでいるものである。そのほか大勢の情報に乏しい投票者は、本選挙になって初めて選び出し始める。おそらく幸いなことに、情報に通じた投票者は、考えられてきたよりも多くの影響をアメリカの大統領選に対して与えているのだが、そのことは、集計の奇跡の定理にとって好材料とはならない。結局のところ、情報に乏しい投票者は、影響を与えない無作為な形では投票しておらず、情報に通じた投票者が予備選において望んだことに追従する傾向があるのだ。

アルトハウスは、市民には系統的な誤りがあるという別の統計学的な議論をしている。

> 無作為による誤差がゼロに相殺されるためには、そうした誤差は、ゼロという平均値をもって標準化されなければならない。標準化された無作為による誤差の期待値はゼロになるが、そのように標準化されていない誤差の期待値は、可能的な応答のあいだの中間点に位置している。……無作為による誤差は、厳密に言えば、相殺されない。……そうした無作為による誤差は、……平

均値や最頻値、ならびに限界率の形状に影響を与え続ける(13)。

無作為投票は、統計学者が正規分布と呼ぶものに沿って行われる傾向がある。無知でない投票もまた、そうした正規分布が当てはまる傾向がある。しかし、これらの分布には、異なる最高点がある。平均的および中位のランダムな投票者が望むものは、平均的および中位の無知でない投票者が望むものとしばしば異なっている。無作為投票は、単純な左右の軸においてさえ、世論のバランスを一方からもう一方に動かす傾向にあるだろう。無作為投票が多ければ多いほど、その影響はより甚だしいものとなる。

このように情報の少ない投票者は、無作為に投票しないようである。そういう人には、重大な系統的な誤りや信念、バイアスがある。そうなると集計の奇跡は起こらないことになる。

コンドルセの陪審定理

デモクラシーの認識的擁護のなかで、もう一つ有名なものは、コンドルセの陪審定理である(14)。この定理によれば、特定の条件が満たされる場合、デモクラシーにおける多数派は、ほぼ確実な確率で正しい選択をする。

コンドルセの陪審定理は、「二者択一となる集合的な意思決定をする状況において、もれなく0.5を越える同程度の能力（または正解を選択する確率）を備えた個人による多数決は、その集団の規模や各個人の能力が上がるにつれて、正解を選択する確率が1に近づく（誤りが無い）能力を備えている」[15]と主張する。多数決ルールという手続きにおいて、投票者が、二人の候補者や二つの政策のあいだで決定しようしており、平均的にいって正しい回答を選択しない確率よりもする確率の方が高い場合、投票者は、その人数が増えるに従ってほぼ確実に正しい回答を選択する。[16]したがって、仮に個々の投票者の正答率が、平均的にいって五分五分よりほんの僅かしか高くないとしても、コンドルセの陪審定理によれば、たった一万人の投票者であってもほぼ確実に正しい回答を選択できることになる。

コンドルセの陪審定理が、デモクラシーにとって有益な示唆をもたらすのかは、民主的な投票が、いくつかの条件を満たしているかどうかにかかっている。たとえば投票者は、互いに十分に独立している必要がある――彼らは互いの投票を書き写すだけではいけない。私は、こうした条件が満たされているかは疑わしく、この定理はデモクラシーを擁護したり批判するためには使い物にならないと考えている。[17]

しかし、私の目標のひとつは、民主的な意思決定を批判することであるから、思想的に言えば、このことは私にとって都合の良いものではない。結局のところ、コンドルセの陪審定理は、多くの仮定が成立する場合にのみ、デモクラシーの擁護に適用される。そのなかで最も重要となる仮定が、投票者は、平均として無能というよりは有能であるということだ。つまり、コンドルセの陪審定理は、投票者が、平均としてほんの僅かでも、誤った回答を選択する確率よりも正しい回答を選択する確率が上回っている場合にのみ、デモクラシーを擁護することができる。この陪審定理は、市民個人が、あくまでも五分五分の正答率よりも優れている場合のみに、デモクラシーを擁護することができるのである。平均的な投票者の能力が、0.5よりも低い場合には、多数派が正しい回答を選択する確率は0に近づき、誤った回答を選択する確率は1に近づく。つまり投票者が、平均としてほんのわずかでも正しい回答を選択する確率よりも誤った回答を選択する確率が上回る場合、その人数が増えるに従って、投票者は、ほぼ確実に誤った回答を選択することになる。よって、個々の投票者の能力が、0.5未満ではなく、0.5以上であるということは、コンドルセの陪審定理に依拠してデモクラシーを擁護する論者にとって不可欠になってくる。そうでなければ陪審定理は、デモクラシーがロクでもないということを含意してしまう。

改めて言っておくと、私自身は、コンドルセの陪審定理が前提とする、その他の仮定が成立しているとも思えないことから、この定理が現実のデモクラシーにとって有益な示唆をもたらすのかわからないでいる。しかしここ数章で論じてきたように、投票者は系統的に誤っており、その平均的な信頼度は、むしろ0.5未満であるという堅牢なエビデンスが存在する。よってもしコンドルセの陪審定理が、現実世界のデモクラシーに適用されるというならば、その擁護としてではなく、むしろ批判としての方が妥当であろう。現代において陪審定理を持ち出すデモクラシー理論家は、投票者が五分五分以上の信頼にたることをほとんど明らかにしていないことが、その顕著な特徴となってしまっている。

ランデモアによるホン＝ペイジ定理の適用

賢さで劣る二人がしばしば一人の賢人に勝ることがある。次のことを考えられたい。経済学の教授にもなれば、博士課程プログラムに所属する学生個人の誰よりも多くの知識があるものであるが、おそらくこの学生全員の知識を集計したものには敵わないだろう。もし学生の集合知を単一の決定に集計する方法が存在するとすれば、集団としての学生は、経済学的な知の源泉として教授個人よりも信頼できるかもしれない。

ソミンは、この考え方を次のようにまとめている。

> 一部の論者は、参加者が多様な見解や能力がある場合、その集計はとりわけ良く機能すると主張する。規模が大きく多様な観点があるグループが、問題の解決策を模索するとき、そうしたグループは、規模が小さいグループと比較して、総じて多様な観点から成る集合知を貯めておくことが可能であり、たいていの場合に、より規模の小さい専門的なグループよりも良い決定をすることができる(18)。

ソミンも私も、この理論的な指摘を認めている。それにもかかわらず私たちは揃って、この指摘をもってしてデモクラシーがすべての想定可能な形態のエピストクラシーよりも賢明である傾向があったり、デモクラシーが有能であるとみなすに十分なほどに賢明である傾向があることを明らかにできるという点については懐疑的であるのだ。

ルー・ホンとスコット・ペイジが定式化した数理的な定理が明らかにするところでは、適切な条件下で多くの多様な観点を集約することは、少数の専門的だが多様性を欠く観点に依拠することに比べて、より賢明な決定を生み出しうる。この定理は、高度に学術的な仕方で表現されているのだが、日常言語に言い換え可能である。ホン＝ペイジの定理によれば、適切な条件下では、集合的意思決定プロセスへの参加者たち一人ひとりの信頼性や能力を向上することよりも、その参加者たちが認知的に多様であることの方が、そのプロセスが正しい結果を生み出すことに貢献する。そうした条件には、次のようなものが含まれる。

・参加者たちは、世界を認知するための真に多様なモデルを有していなければならない。
・世界を認知するための参加者たちのモデルは、十分に複雑でなければならない。
・参加者たちは、何が問題であるのか、何を解決とみなせるのかについて合意していなければならない。
・参加者たちは、全員が協働して問題を解決しようとしていなければならない。
・そして参加者は、他者から学び、また他の参加者の知識を活用しようとする意欲を有していなければならない(19)。

数学者アビゲール・トンプソンは、ホン＝ペイジの定理の証明には、「本質的かつ修復不可能な間違い」があると指摘している。彼女が論じるには、ホン＝ペイジの定理の「証明」は、些末なことを前提としており「数学的な面白さや内容に欠けている」うえに、ホンとペイジによる計算上の実験は誤っている(20)。実際に、彼女は、七つの致命的な欠陥を発見しており、それぞれの欠陥が、定理の誤りやその証明の失敗、あるいは、定理が「多様性」について有益な示唆をもたらさないことを明らかにするに十分であると主張している。ここでは、彼女の学術的な批判を論じることはできないとはいえ、ホン＝ペイジの定理が間違いのうえに成立しているかもしれないということは警告しておきたい。むろんこの定理が間違っているならば、そのことはデモクラシーを擁護するためにこれに依拠する論者（たとえばランデモア）への決定打となる。ただしここでは議論のために、あえてこの定理の正しさは問題にせず、この定理が正しいと仮定してなお現実の民主的な決定を擁護するために有益ではなく、さらにエピストクラシーに対する深刻な挑戦とならないと論じたい。

ランデモアの近著『民主的理性』は、ホン＝ペイジの定理に依拠して、デモクラシーの賢明さを実証しようとしている（トンプソンのホン＝ペイジの定理に対する批判が正しければ、ランデモアの著作には致命的な欠陥があることには注意してほしい）。彼女が擁護しようとするテーゼは野心的である。すなわち彼女は、デモクラシーがエピストクラシーよりも賢明さにおいて勝ること――多数の愚者による支配は、たいていの場合、少数の賢者による支配を打ち負かすこと――を明らかにしようとしている。彼女が要約するには、「ほとんどの政治問題にとって、民主的手続きは、適切な熟議と多数決の適切な使用に資する条件において、専門家による評議会や慈悲深い独裁者のような、いかなる民主的でない手続きと比較してもなお、より良い決定をする見込みが高い[21]」。ここで「より良い」というのは、デモクラシーがその手続きそれ自体から独立した形で測定できる良い結果を生み出すということを指しており、その意味において民主的でない手続きよりうまく機能する見込みが高いということだ。さらにランデモアは、「いかなる」民主的でない手続きよりも賢明さにおいて勝るとも主張しており、そのことが彼女のテーゼを野心的なものにしていることに注目されたい。彼女は、穏健なエピストクラシー――たとえば、選挙から下位五パーセントの市民を排除するエピストクラシー――さえも、普通選挙を保障する完全なデモクラシーに劣ると主張する。

ランデモアは、広範な理論的研究を参照しているものの、これから数節にわたり説明するように、彼女の議論は失敗している。

なぜ全員が投票権をもつのか

二人の頭脳が一人の頭脳より優れていることがある。しかしそのことは、複数人の頭脳が、いかなる場合においても、その中の一部の人の頭脳より優れていることを意味しない。これが、ランデモアの根本的な問題であるように思われる。私の知る限り、ランデモアは、ペイジ自身よりもはるかにホン＝ペイジの定理をもってしてデモクラシーを擁護するということに楽観的である。むろんその楽観性が、必然的にランデモアの誤りを意味するわけではない。定理を発見した人が、その本当の力に気づかないことはある。しかし、ペイジがなぜランデモアと同じ結論を出さなかったのかを確認すれば、彼女が定理を過度に適用していると思われる根拠がおのずと見えてくるだろう。

ペイジは、認知的多様性には価値が認められると述べている。認知的多様性とは、多様な観点（「状況や問題を説明する方法」）、多様な解釈（「観点を分類したり腑分けする方法」）、多様な発見法（「問題に対する解決を生み出す方法」）、多様な予測モデル（「結果と原因を推論する方法」）を含むことを意味する。[22] ホン゠ペイジの定理は、正確な予測ということに関して言えば、意思決定者のあいだの認知的多様性の量を増加させることが、そのうちの一部の人々の予測能力を増加させることと同程度に重要になってくると主張している。[23] つまり知的洗練と認知的多様性は、同程度に価値があるということになる。[24]

ところがペイジ自身は、大衆は常に賢明とは限らないと述べている。系統的なバイアスが認められたり、熟議に際して誰かに追従する傾向によって精確さや多様性に欠けている場合、大衆は誤っていたり、ときには狂った決定をすることさえある。たとえばペイジは、集団を構成する個人が、精確ではない考えをもったカリスマ的な他者から過度に影響を受ける場合、その集団の精確さも劣悪なものになりうると指摘している。[25] よってわれわれは、現実の投票者がカリスマや政治ショーから影響を受ける集団であるのか、あるいは、そのようなものには簡単に惑わされず冷静で合理的に真実を求める集団であるのかを問いただすべきである。

ペイジは、人々の予測能力が劣悪である場合に多様性を高めることはかえって悪いことになると主張している。ペイジによれば、ホン゠ペイジの定理が成立するためには、個々の意思決定者は、専門家ほどではないにせよ、それなりには知的である必要がある。よってペイジの結論は穏当なものであって、多様性に富む優れた多数者による予測は、極めて優秀な少数者による予測よりも成功する傾向があるということだ。[26] ペイジは、ある講演において「もしわれわれが集合知を得られないとすれば、それは、人々が知的でないか――つまり誤ったデータは誤った結論を導く――、多様性に欠いているからだ。」と述べている。そのうえで彼は、人々には多様な情報のみならず、多様かつ優れた「モデル」、つまりそうした情報を解釈する方法もまた必要になってくると付け加えている(27)。彼は、「デモクラシーが機能するためには、人々には予測に長けたモデルが必要になってくるのだが、多くの場合に、問題が難解すぎたり複雑すぎることから、うまくいかないことがある」と言及している(28)。ペイジは、多様性に富むが愚かな多数者による予測が、どんな場合においても、多様性に乏しい賢明な少数者による予測よりも成功すると主張しているわけではない。ペイジの説明では、多様な観点があるとはいえ明らかに知的でない大衆は優れた予測を行わないのだ。

したがって、平均的ないし典型的な市民が、政治について十分に知的に洗練されていることを証明するよう試みることが、ランデモアにとって重要になってくる。しかし、第二章で確認したように、ほとんどの市民は、政治について明らかに知的ではなく、ペイジまたはランデモアが認知モデルと呼ぶものをまったく備えていないことを示すエビデンスが存在する。市民の多くはホビットであるのだ。

よってランデモアが、なぜあらゆる成人市民による政治参加が最善であるかのようにホン＝ペイジの定理を解釈しているのかを理解することは難しい。ホン＝ペイジの定理は、多様性には価値が認められるということを教えてくれるものではあるが、そのことは、全て、あるいは、ほとんどの市民が投票することが、文字通りの最善であることを示唆するわけではない。むしろ、この定理は、二人の頭脳は多くの場合に一人の頭脳よりも優れているし、五百万人の頭脳はふつうは二人の頭脳よりも優れているのだが、ときには、二億人の頭脳が五百万人の頭脳より劣ることもあるという点を示唆する。

私が考える限りでは、ランデモアは、実際にはデモクラシーがいかなるエピストクラシーをも打ち負かすということを明らかにしていない。彼女が明らかにしていることは、せいぜい普遍選挙を備えたデモクラシーがほんの一握りの市民だけに投票が認められるといった類のエピストクラシーを打ち負かすということにすぎない。しかしこのことは、彼女の結論を導くには十分ではない。ランデモアは、限定的なエピストクラシー――たとえば、市民の下位五パーセントにあたる最も無知であったり、知的でない人々を投票から排除する――が、普遍選挙を備えたデモクラシーに勝るか否かということを真剣に考慮していない。ホン＝ペイジの定理は、普遍的な政治参加が、どんな場合でも、制限された政治参加を打ち負かすということについては何も示唆してくれないのだ。

エピストクラシーの支持者は、ホン＝ペイジの定理を受け入れつつも（トンプソンの批判のため、私はそれにも反対だが）、エピストクラシーではなくデモクラシーを採用すべきだという結論を回避しうる。むしろこの定理は、大規模で多様性に富むように投票者を限定するエピストクラシーを採用するべきであることを示唆するだろう。ホン＝ペイジの定理は、限定された投票者の人数が少ないよりは多い方がよいことを支持するための一つの理由になりうる。

複数人の頭脳が少数人の頭脳より優れていることはある。しかしそのことは、複数人の頭脳が、どんな場合でも、少数人の頭脳より優れていることを意味するわけではない。最初の事例に立ち返ってみると、経済学の博士課程後期の学生から構成される集団が、経済学について一人の看板教授よりも詳しいことはあるが、その教授が一つの高校全体よりも詳しいことは造作でもないことかもしれない。アメリカ合衆国の市民は、総じてアダム・スミスがすでに一七七六年に［『国富論』で］警告したような経済学に関する系統的な誤りを犯している。

ランデモアは、ホン＝ペイジの定理に基づいて、多数者による支配が少数者による支配よりも支持されると主張している。しかし、それは誤解を招く言い回しである。エピストクラシー支持者であっても、多数者による支配を望むことはできる。ランデモアが実際に支持するのは、全員に満たない多数者による支配ではなく、全員による支配であろう。

投票者は問題を解決しようとしているのか?

ランデモアがホン＝ペイジの定理に依拠することのもう一つの懸念は、その定理が、個々の意思決定者が、問題を特定しており、それを解決しようとしていると仮定していることである。ホン＝ペイジの定理は、決定者が、何が問題であるのかについて合意しており、その問題を解決することに尽力しているということを前提にしている。

ランデモアは、自身の著書のなかで、投票者と政治的熟議に関わる人々は、共に迷路の中から抜け出す方法を見つけ出そうとする人々に例えられると述べている。迷路の事例では、全員が、何をもって迷宮から抜け出したことになるのかについて合意している。つまり、迷路から抜け出した後になっても、彼らの半数が今なお迷路の中にいると思い続けているなどということはない。さらに全員が、他の誰かが迷路について発言することに耳を傾けたり、合理的でバイアスがない形でそうした証言を解釈する用意がある。

このことは、現実の熟議がいかに進行するのかを例えているようには思えない。第三章で確認したように、慎重に管理された政治的熟議に関する実験でさえも、たいていの場合、ランデモアの事例のようにはいかないし、実情は実験よりもずっと厄介であるのだ。ほとんどの投票者は、共通善を推進したいと思っているが、何が共通善であるのか、何が自国の直面する主たる問題であるのか、あるいは、そうした問題の相対的な優先順位はどうなるのか、といった点について合意していない。たとえ共通の目標が達成されたとしても、多くの人が、その目標が実際に達成されたのかどうかについて議論を続けていたりする。たとえば、一九九〇年代初頭のアメリカ人は、犯罪率が低下することを望んでいた。その後二〇年間において犯罪率は劇的に低下したのだが、ほとんどのアメリカ人はこのことに気付いておらず、実際には銃犯罪が増加していると勘違いしている(29)（これに対してランデモアによる迷路の類推では、一度迷路から抜け出したならば、誰も自分が迷路のなかにいるとは思い続けない）。現代デモクラシーでは、市民は「事態が改善されるべきだ」という点については合意するかもしれないが、何をもって事態が改善したと言えるのか、そして何をもってそのことが示されるのかについては意見を違える。さらに多くの市民は、単に自分の不満を表明したり、自分が支持する集団への忠誠を示すために投票する。彼らは、積極的に問題解決に取り組んでいるとは言えず、迷路の中の人々とは似ても似つかない。最後に、第二章と第三章で確認したように、市民はランデモアによる迷路の事例での人々とは違って互いの意見に耳を傾けることがひどく苦手である。

ランデモアは、しばしば民主的熟議を映画『十二人の怒れる男』に登場する陪審員による熟議のように扱ってみせることで、デモクラシーを擁護したりもする。しかし架空の陪審員と現実のデモクラシーにおける市民とでは大きな違いがある。架空の陪審員たちは、入手可能な情報とその重要性を検討し、議論に耳を傾け、議論を組み立て、対立する諸々の観点を考慮し、多角的な視点から俯瞰しようとしながら、討論に十分な時間をかけている。彼らがそのようにするのは、自分の一票には重みがあり、自分たちの決定が誰かの人生に大きな影響を与えることを知っているからである。しかし第二章で言及したように、現実の投票者は、まるで個人票が重みを持たないかのような行動をしている。たいていの市民は、政治について情報を得たり、合理的であるための努力を怠っている。彼らはバイアスで歪んでおり逆効果となる形で熟議を行っている。

ランデモアはこうした不満に対しては、自分が「理想的な形態としてのデモクラシー」を研究していると述べるに留まっている(30)。彼女は理想理論に後退することで、民主的な行いに関する経験的批判に応答するわけだ。ランデモアは、人々が彼女の考えるようには行動していないので、現実のデモクラシーは十分に民主的でないと主張する。彼女が述べるには、人々がデモクラシーを真剣に捉え、正しい仕方で熟議し、正しい仕方で情報を考慮し、集団として問題解決を試みる等の条件を満たしさえすれば、デモクラシーは賢明たりうる。それは、市民が現にそうしているように行動するのではなく『十二人の怒れる男たち』の陪審員のように振る舞ってさえくれれば、デモクラシーは賢明でありエピストクラシーに勝るだろうと述べていることになる。それは、フラタニティのメンバーが実際の振る舞いではなくそれに相応しい振る舞いをしている場合にのみ、彼らが素晴らしいと述べているようなものである。

第三章では、どれだけ多くの熟議デモクラシー論者が、民主的な熟議は市民を教育したり啓蒙すると主張しているのかを検討した。しかし民主的な熟議は、われわれをダメにしてしまったり、堕落させてしまう傾向があるという見解を強く支持するエビデンスが存在する。熟議デモクラシー論者は、こうした指摘に対して理想理論に後退することはできる。彼らは、われわれが適切に熟議を行った場合にのみ、熟議は私たちを啓蒙するだろうと応答できるのだ。私はこうした推論が、フラタニティのメンバーが宿舎での日々を適切に暮らす場合にのみ、彼らを教育したり啓蒙する傾向があると主張しているようなものだと指摘した。ランデモアは、自身のデモクラシーの認識的擁護が、そういった指摘に該当することを望んではいないはずである。これに対してエピストクラシーを支持する論者は、ただそのことを認めるだけでよい。「確かに理想的なデモクラシーは、大層素晴らしいものだ。けれども現実の人間が暮らす世界では、われわれはデモクラシーをエピストクラシーに置き換えるべきである」。

無知と誤った情報

（トンプソンの批判が間違っていると仮定したとして）ランデモアにとって最も根本的な問題は系統誤差のエビデンスが存在するということだ。もし市民が系統的な誤りを犯しているならば、それは市民が多様な観点を十分に待ち合わせていないということであり、よってホン＝ペイジの定理は適用できないということになる。しかし第二章で明らかにしたように、市民は、実際には重要な問題について、多くの系統的な誤りを犯している。

これに対してランデモアは、投票者の政治的知識を測定する単純な尺度の多くが、政治的な意思決定とは関係がない情報を測定していると指摘している。たとえば、ほとんどのアメリカ人は、最高裁判事の名前も思い浮かべられないだろうが、たいていの選挙ではそうした情報を持っていることが重要になってくる可能性は低い。

しかし、多くの基本的知識に関わる誤りは重要になってくるだろう。たとえば、ほとんどのアメリカ人は、外国への経済援助に使用する予算が高すぎると考えている。しかし、こうした経済援助は、実際には連邦予算全体の一パーセントに迫る程度なのだが、アメリカ人の平均推定値によれば、その割合は二八パーセントに及んでいる。[31] アメリカ人はまた、系統的に予算のなかで経済援助に当てられる割合だけでなく、使用される金額についても過大に見積もっている（最頻値と平均値ともに実際の数字をはるかに上回っている）。同様に、アメリカ人は、系統的にどれだけの金額が国防や社会福祉に回されているのかについて過少に見積もっている。あるいは、白人アメリカ人の半数以上が、白人と黒人の収入は同程度であると信じているのだが、白人の収入の中央値はおよそその二倍であるという事実を考えてみてもよいだろう。[32] こうした系統的に誤った情報は、投票者による意思決定の質に影響を与える見込みが高そうだ。たとえば、資源の分配をどうするのか、政治家に何を優先させたいのかに影響を与えることになるだろう。

何をもって情報に基づく投票とみなせるのかについて、あなたの基準は低いものであるとしよう。あなたは、投票者に対して経済学や政治学についての知識を求めない。自分たちが支持する政策の結果を見極める能力を求めない。さらに、自分たちのイデオロギー――そんなものがあるのならば――を誰かに説明したり、批判から擁護する能力も求めない。あなたは「あなたが左派なら左派政党に、右派なら右派政党に投票しなさい。やることはそれだけだ」とだけ言えばよいとしよう。

しかし、投票者の下位二五パーセントは、これほどに要求度の低いアドバイスにすら従えない。第二章で検討したように、こうした人々は、無知などころか、それにも満たないのだ。そして投票者は、投票を棄権した人より多くのことを知っている傾向にあるので、現在の棄権者の下位二五パーセントは、さらに酷いのではないのかと疑わざるを得ない。

繰り返すことになるが、ホン＝ペイジの定理が、集団での棄権やエピストクラシーではなく、投票率の高い普通選挙を擁護するために依拠される根拠は、依然として明らかではない。ホン＝ペイジの定理が、少数の天才よりも多数の秀才の方が良いということを教えてくれたとしても、そのことは、デモクラシーが、ロクでもない市民の意見を取り入れた方が、それをしない場合と比較してより良い決定をするということを意味しないのだ。

見識ある選好による手法が示す系統誤差

系統誤差は、実際に思ったよりもはるかに多く存在するかもしれない。われわれが、市民を対象に基本的で容易に検証可能な事実について調査してみると、その多くは思い違いをしていることがわかるのだが、たとえば経済学など、それほど容易に検証可能でない信念についてはどうなのだろうか。

第二章で言及したように、アルトハウスが、市民の知識がどのように彼らの政策選好に影響を与えるのかを明らかにしたことを思い出してほしい。それは、何万人もの投票者を対象にした調査を行い、投票者たちについての人口統計学上の情報をできるだけ収集すると同時に、投票者たちが何を知っていて、どんな政策選好を持っているのかについての情報も集めることで、政治的知識が投票者の選好に与える影響を明らかにできるという研究であった。そのうえで人口構造からもたらされるバイアスを是正しつつ、政治的知識が政策選好に与える影響を特定することができる。われわれはこの情報を用いることで、政治的知識を完備するとすれば、アメリカ人の投票者がどのような政策を支持するのだろうかということを推測することができるわけだ。

第二章で言及したことを思い出してほしい。アウトハウスは、情報に乏しい人が情報に通じた人とは系統的に異なる選好をもつことを明らかにしていた。ギレンズ、カプランなど、その他の論者もまた、異なるデータを用いて同様の結果を得ている。

こうした研究は、明らかにランデモアの主張を覆すものである。ホン＝ペイジの定理が、現実のデモクラシーには適用できないのと同様にである。人々は、十分に多様性に富んでいるというよりは、系統的な政治的選好をもっている――それは、政治を通じて表明され、十分な情報があれば、系統的に変容する選好である。さらに悲惨なことに、情報に乏しい人の方が、情報に通じた人よりも人数が多いのだ。

この問題に対するランデモアの応答は、理解し難いものである。彼女は、系統誤差が実証されてしまえば、ホン＝ペイジの定理が適用できないことを認めている。しかし彼女は、アルトハウスの研究に対する応答において、情報に通じた人と情報に乏しい人とでは政策選好が異なるからといって、そのことから情報に通じた人が正しいということが論理的に帰結されるわけではないと主張している(33)。むろん、情報に乏しい人が正しく情報に通じた人が誤っているという可能性はある。

さらに、誰も情報に通じた人が正しく情報に乏しい人が誤っているという論理的な必然性は問題にしていない。その代わりに議論は次のようなものである。

1. アルトハウスのような政治学者が検証している基本的で客観的な政治的知識の多くは、厳密に言えば（ほとんどの場合）それ自体で良い政治的決断を下したり、健全で正当な政治信念を形成したりするために必要ではなく、関連もない。つまり、たとえばジョージアの大統領の名前を挙げることができなくても、アメリカでは良い投票者になることができる。

2. しかし、一定の社会科学的な知識は、健全で正当化された政治信念を形成するだけでなく、良い政治的決定を行うために必要であり、そのことに関連がある。もしあなたが基本的な経済学を理解していなければ、あなたの経済政策についての意見は、おそらく正当化されない。

3. 政治的知識に関するテストの高得点は、低得点と比べて系統的に異なる政治信念と相関しており、人口統計学ではこの違いを説明できない。これは説明を要する難問である。

4. 上記の二つの前提が正しいとすれば、最良の説明は、アルトハウスが検証した類の政治的知識は、多くの場合にそれ自体として難しい政治的諸問題と関連しないが、政治に関する健全で正当化された信念を形成するために必要かつ関連する類の社会科学的な知識とは正の相関があるというものだ。

5. この最後の前提が成立するならば、アルトハウスが検証したように、ある国家の見識のある選好は、実際の見識のない選好よりも正しい可能性が高い。

6. よって、選挙民の見識のある選好は、その国家の実際の見識のない選好よりも正しい可能性が高く、選挙民は系統的な誤りを犯している可能性が高い。

要するにここでの議論は、確率論的であって、演繹的というよりは仮説的推論である。議論の説得力は明白であるだろう。それは、アメリカ人の知識がもっとマシでさえあれば、アメリカのデモクラシーは、今のようにはなっていないということを示す強力なエビデンスであるように思える。もしこの仮説的推論による議論が成功しているならば、ランデモアの議論にとっては致命的である。それは民主的なプロセスが系統的な誤りを犯していることを意味する。われわれは、第八章でより詳しく言及するような「疑似神託による統治」というエピストクラティックなシステムに移行することでデモクラシーを改善することができる。

アルトハウスの推論は、他の研究者が同様の方法に依拠して異なる質問について異なるデータから同様の結果を得た場合に補強される。それゆえカプランの『合理的投票者の神話』〔邦訳『選挙の経済学』〕は、アルトハウスの議論を強化し、同様に、アルトウスの議論は、カプランのそれを強化するのだが、二人の研究における見識のある公衆が、経済学について同じ意見に落ち着くことはとりわけ興味深い。

カプランの研究が正しければ、これもまたランデモアのテーゼにとって致命的である。ランデモアは、カプランの議論を藁人形的に、そして不正確な形で整理してしまっている。たとえば彼女は、カプランに対して「誰が一番良く知っていて、何が正しい答えなのかという問題が最初から固定され決まっている。経済学者こそがより良く知っており——彼らの回答は正しい——その立場からのあらゆる逸脱はバイアスとして認知されなければならない」と述べている[34]。しかしカプランは、経済学者と一般人の意見の不一致は、必然的に後者の誤りを示すことを当然視しているわけではない。カプランは、アルトハウスと同様に、あくまでも確率論的、仮説推論的な議論をしている。カプランが述べるように、「私の経験的手法は、一般の人々が正しいという可能性、そして専門家が誤るという可能性を排除するものでもない。その有力な仮定は、膨大な変数をコントロールしてもなお一般人と専門家の信念のギャップが残されるならば、それは一般の人々にバイアスがあることのエビデンスになるということに過ぎない[35]」。

カプランは、アルトハウスの見識ある選好による手法を援用しているが、異なるデータを用いている。彼は、一般市民と経済学者が経済について系統的に異なる信念を持っていることを指摘する。彼が分析する争点に関して言えば、一般市民がXに同意するものについて、経済学者はほとんどの場合にYに同意する。彼はまた、こうした信念の違いが、人口統計学上の説明を与えられないことも指摘する。とりわけカプランは、経済学者がその背景的なイデオロギーをもってして説明できない問題に同意している場合に注目する。たとえば、左派、右派、穏健派、そしてリバタリアンの経済学者は皆、自由貿易を支持している。ここで効いているのは、それぞれの全般的なイデオロギーではなく、彼らが主流派の経済学を理解して受容しているという事実である。

カプランは、理論的に経済学者は最も良く知っているはずだと主張しているのではない。むしろ彼が主張しているのは、経済学者と一般市民のあいだには経済的な争点について系統的な不一致が存在しており、そのことが人口統計学的な要因や測定可能な非認知バイアスをもって説明できない場合、前者が後者よりも正しい可能性が高いということである。カプランが、主にマクロ経済学理論の論点ではなく容易に解決できるものに限定して議論していることも言及するに値する。

カプランは、投票者に経済学の素養があるかどうかを分析したが、ランデモアであれば、経済学は問題の一部に過ぎないと述べるかもしれない。経済学が関わる政治的争点の多くは、経済学単体で得る範囲を越えるし、また経済学が関わらない争点も多く存在する。とはいえ、ほとんどの主要な選挙の争点で経済学的な知識が必要になることは明らかである。

移民という争点を取り上げよう。アメリカ人の多くは、移民受け入れに反対しており、移民規制の緩和よりも強化に賛成している。一九九六年に行われた調査では、経済はなぜ上手く行かないのかという質問に対して、平均的なアメリカ人は「移民の多さ」を「重要な理由」と「そうでない理由」のあいだに位置するものとして捉えている[36]。

次に、経済学者が移民についてどのように考えているかを検討してみよう。第一に、一九九六年において経済学者は、平均的なアメリカ人の意見と異なり、移民がアメリカの発展を妨げていることを否定していた[37]。第二に、移民に関して公刊された経済学研究においては、ほとんど閉ざされた国境が労働力の移動にもたらす制限は、政府が行う政策のなかで最も非効率的なものであることが合意されているようである。さらに経済効果についての学術論文では、概して移民規制による死重損失は、世界生産高のほぼ同等に及ぶと試算される。つまり世界総生産は一六〇兆ドル程度であるはずにも関わらず、移民規制によってこれがわずか八〇兆ドルにまで減少している[38]。さらにこうした死重損失で最も苦しむことになるのは、世界のなかで最も脆弱な人々である。

世界の経済生産高を倍増させるということは、政治的争点のすべてではないが、そのほとんどのことを圧倒する。しかし投票者は、その答えを間違えている。移民に関する投票者の他の心配事も、同様である。たとえ移民の自由化が世界総生産を倍増させるとしても、平均的な投票者はそのことが治安悪化や国内の労働賃金の低下をもたらすと心配するかもしれない。しかしここでも平均的な投票者は、そのエビデンスを見る限り間違えている。実証研究によれば、移民はその国の人々と比較して犯罪を犯す可能性が低いということを示す傾向があり、その他の同様の研究でも、一般的に高校中退者の賃金には打撃を与えるものの、移民はほとんどの国内労働者の賃金を押し上げることが実証されている[39]（ここで基本的な経済学が関係してくる。勝者の利益は敗者の損失よりはるかに大きいので、われわれはただ敗者に補償を与えて全員を勝者にすればよい）。

ランデモアは、カプランが専門家の知識量を過大評価していると述べている。この主張を擁護するため、彼女は心理学者フィリップ・テトロックの専門的な予測に関する有名な研究を引用している。『専門的な政治判断』において、テトロックは三〇〇人近い専門家と称される人々に対して三万件近い予測を行わせた[40]。ランデモアがテトロックの実験結果を特徴づけるように、テトロックは——分析した質問について——、政治の専門家による予測が「一般の人々」よりも優れていないばかりか、しばしば劣っていると指摘する[41]。

しかしランデモアは、ホン＝ペイジの定理を過剰に適用したように、テトロックの研究についても同じ過ちを犯している。カプランは、以下のような疑問を投げかけている。

専門家に対する私の信頼は、まったくの見当違いなのだろうか。私はそうではないと思っている。テトロックのサンプルには、深刻な選択バイアスが生じている。彼は意図的に［自分の被験者に対して］比較的難しく論争的な問題を答えさせている。彼の方法論に関する補論が示すように、問われる問題は「『くだらない質問で頻繁に私を悩ませない』テストをパス」しなければならない。では、誰にとって下らないのか？その暗黙の答えは、「その分野の典型的な専門家にとっては下らない」というものだ。つまりテトロックが実際に明らかにしているのは、専門家が堅牢な合意に達している質問を除外すれば、専門家は過信しているということだ(42)。

ランデモアは、テトロックの著書を誤って理解している。テトロックは、専門家が一般の人々や平均的な投票者よりも優れていないことを示していないし、本人もそのようなものであると思っていない。結局のところテトロックの研究は、一般の人々や平均的な投票者についての研究ではないのだ。テトロックの研究において、いわゆる専門家との比較対象とされる一般の人々とは、カリフォルニア大学バークレー校の学部生――つまり地球上で最も賢くて教育水準の高い人々であった。テトロックは、認知的に非常に優れた人々のあいだで比較していたのだ。

そのうえテトロックは、専門家自身が「難しい」と考える問題――それについて相当の論争が存在する問題についてのみテストを行っていた。経済学に話を戻すと、経済学にも広範な論争が存在する（たとえば、不況を解決するために金融政策と財政政策のどちらを用いるべきか）。しかし自由貿易を行って価格統制を避けるべきだというような合意済みの見解もまた広範に存在する。投票権を持つ人々は

「経済学の初歩」に出てくる簡単な問題を間違っているのだ。

テトロックの著書は、民衆の知恵を証明するものではない。カプランがさらに説明するように「テトロックが専門家と一般の人々のあいだの精度を比較する主要な例は一つだけである。その結果は、一般の人々（バークレー校の心理学専攻の学部生という絶対数の上ではかなりのエリート）は、専門家だけでなくチンパンジー［つまりランダムな推測］よりもはるかに劣っていた」[43]。要するにテトロックが実証しているのは、専門家にとって自分たちが難しい問題であると考えることについて予測を行うことは困難であるが、バークレー校の学部生にとってはさらに困難であるということだ。

それはさておいて、ほとんどの問題で専門家も一般の人々もチンパンジー以下の存在であることを示すものとしてテトロックの実験結果を解釈しようとしても、ランデモアには悪いが、そのことがなぜデモクラシーの正当化になるのか、私には理解できない。チンパンジーによる支配を提唱するとでも言いたいのだろうか。

理論的証明に代わる経験的エビデンス

第二章、第三章において、私は、投票者がもつ無知や誤った情報、非合理性に関する実証研究に頁を割いてきた。それらの研究によれば、平均、中央、最頻値の投票者はほとんど何も知らず、さらに酷いことに、ほとんどの投票者は、多くの主要な争点について無知にも満たないことが明らかになっている。

このような批判からデモクラシーを救う一つの方法は、たとえ大多数の投票者が無能であっても、デモクラシーは集団として賢明な決定を下す傾向があることを示すことであるだろう。集票の奇跡、コンドルセの陪審定理、（ランデモアが手がける）ホン＝ペイジの定理、これらすべては、まさにそのことを実証するためのものであった。しかし、デモクラシー擁護者にとっては残念なことに、これらの定理はデモクラシー擁護のために使うことができない。経験的エビデンスは、デモクラシーを疑う推定的な理由を与えるのではなく、三つの定理がこの経験的エビデンスを乗り越えてデモクラシーを信頼するように示唆するはずであった。しかし経験的エビデンスは、デモクラシーを疑う推定的な理由を与えるばかりか、この三つの定理が現実のデモクラシーに適用されないことを示唆してしまっている。より正確には、ホン＝ペイジの定理と集計の奇跡の定理は、現実のデモクラシーには適用できないのだが、コンドルセの陪審定理が適用された場合には、そうしたデモクラシーが行うすべての決定は誤ってしまうことがほぼ確実であることを意味してしまう。つまり、これら三つの定理に依拠して認識的な観点からデモクラシーを擁護する人々は間違っている。

こうした人々にとってより有望な戦略は、経験的根拠に基づいてデモクラシーを擁護することである。目下のところデモクラシー国家は、そうでない国家よりも暮らしやすい場所である。デモクラシーは大規模な飢饉を起こさない[44]。議論の余地があるものの、デモクラシーは互いに戦争を起こさない傾向があると信じられている[45]。デモクラシーは、系統的に、既存の君主制、寡頭制、一党独裁制の国々よりも市民的、経済的諸自由を認めて保護する可能性が高い[46]。私は、デモクラシーが系統的に機能的でないと考えているが、歴史上試みられてきた他の政治制度と比べれば、素晴らしく機能していることになる。残りの数節では、多くの投票者が、無知であるか誤った情報に惑わされているにもかかわらず、デモクラシーが、全体としては良い結果を生み出す傾向があることの根拠について、いくつかの経験的説明を検討する。さらにそれらの指摘が正しいとしても、デモクラシーを救い出すには十分でないことについても説明したい。

政党は投票者への認識的な負担を軽減させるか?

現代のデモクラシーでは、ほとんどの候補者は政党に所属している。政党は一般的な政治思想と政策綱領に基づいて運営される。候補者はそれぞれが独自性と選好をもっているが、政党の意向に沿うように行動する傾向が強い。

多くの政治学者は、政党制が投票に伴う認識的な負担を軽減すると考えている。投票者は、共和党と民主党を二つの同質的な集団と考えてそれなりに判断をすることができる。選挙では、共和党と民主党の特定の候補者が何をしたいのかを知る代わりに、各候補者を標準的な党員として扱うことで、それに従って投票することができる。こうした統計的な区別は個人単位では間違いを生じさせるが、五三五人の国会議員というマクロレベルではそうした間違いは相殺される可能性が高い。このように政党制度は、投票者に対して「認知的ショートカット」を提供することで、投票者がそれなりの情報に基づいているかのように振る舞うことを可能にする。

これは確かにその通りである。投票者が、二大政党がどのような政策上の選好をもつのかについてそれなりに精確でステレオタイプなイメージをもつ傾向がある限り、彼らはその種のイメージに依拠することで、総じてうまく機能することができる。

とはいえ政党がどれくらいのショートカットになるのかについては、過大評価しすぎないように注意するべきである。第一に、第二章で強調したように、投票者やさらに多くの非投票者は、各政党が何をしたいのかについてまともな理解を持ち合わせていない。多くの投票者は、主要政党に対するステレオタイプなイメージすら持っていなかったり、逆のイメージを持っていたりするのだ。

第二に、第二章で述べたように、うまく投票をするためには、候補者や政党の政策上の選好について、一般的な知識を持っているだけでは不十分である。われわれは、候補者が自分の支持する政策を実現できる見込みがあるのか、その政策が良い帰結をもたらすのか悪い帰結をもたらすのかについても知っていなければならない。これには膨大な社会科学的な知識が必要になってくるのだが、ほとんどの投票者はそれを持ち合わせていない。

第三に、これも第二章で検討したように、投票者はいずれかの政党のフーリガンになりがちである。彼らは各政党に関する情報をバイアスのかかった仕方で評価する傾向にある。そのため支持政党を変えることを示唆する新たなエビデンスに直面しても、投票者は現在の支持政党に固執してしまう傾向がある。

第四に、ソミンが訴えているように「政党の特定によるショートカットに関する研究にある暗黙の想定は、投票者が、選挙において二つの選択肢の中から選ぶために十分な政治的知識を持ってさえいればよいということである[47]」。この想定は、投票者がたまたま投票用紙に記載されている二人の候補者を選ぶということが、政党がショートカットであるためには重要になってくるということだ。しかしソミンと私が別の箇所で指摘しているように、投票用紙に記載される候補者の質は、投票者の質にも大きく左右される(48)。政党は、典型的な投票者にアピールできると思われる候補者を選んでくる。投票者は、系統的に無知で能力に乏しく、誤った情報に惑わされており、第二章で確認したように、そのことが系統的に政策選好を変容させる。もし投票者がより良い情報をもっていれば、その政策選好は違うものになるだろう。よって各政党の候補者がより知識を備えた投票者に直面するならば、彼らは異なる政策綱領をもつはずである。つまり政党制度は、情報に乏しい投票者にとって提示される候補者の中から選ぶことを簡単にするのは間違いないが、同時に、投票者は誤った情報に惑わされていることから、候補者の質は投票者が知識を備えている場合よりもはるかに低いものとなるのだ。

デモクラシーがうまく機能するのはそれが機能していないから?

投票者がもつ知識の少なさや情報を処理する能力の低さを考えれば、デモクラシーが、しばしば悪い政策を選択することは驚くことではない。しかしデモクラシーは、その割にはまったく機能していないわけではないことは驚くべきことである。

長年、中位投票者の定理は、政治家がどのように投票者の選好に反応するかについての有力なモデルであった。投票者が一次元の争点空間に沿って、たとえば極左、穏健派、極右と正規分布していると想定してほしい。さらに「極左のルーシー」と「極右のローリー」が選挙に出馬したとする。左派はルーシーを望み、右派はローリーを望む。分布の真ん中に位置する人々は、これらの候補者に無関心かもしれない。しかしローリーは少し左寄りになることでより多くの投票者を獲得することができる。右派の人々は、その結果として彼女を見捨てることはないだろう――彼らは依然としてルーシーよりも彼女を好み、穏健な投票者はルーシーよりも彼女を支持するようになる。ルーシーも同じように右寄りになることで票を獲得することができる。両者ともに中間に移動することでより多くの票を取り込むことができる。もう一度この理論を当てはめてみよう。ルーシーとローリーはいずれも、中道に近づくごとにより多くの票を獲得することができる。両者は結果として中位投票者の立場を代表することになる。このようにどんな選挙区の候補者たちもイデオロギー的に似通っており（その選挙区の投票者と比較して）穏健になる傾向があるのは驚くには当たらない。

政治学者はこの間に（私が説明したような）中位投票者の定理は単純すぎであり一定の制約を認めるべきであると考えてきた。しかし最近になってギレンズは、この定理がそもそも的外れであるかもしれないことを示唆する強力なエビデンスを提示している。それは、政治家は中位投票者の選好に応えるのではなく、より裕福な投票者の選好に応えているかもしれないというものだ。

ギレンズは、過去の大統領が、異なる投票者のグループにどの程度反応したのかを測定した。彼は、所得分布の上から一〇パーセント、五〇パーセント、九〇パーセントに位置する投票者が政策について意見を異にする場合、大統領は低所得層よりも高所得層の政策選好に六倍以上もの反応をしていたことを指摘した(49)。ギレンズを驚かせたのは、同僚や自身から富裕層の言いなりとしてとして描かれがちなジョージ・W・ブッシュが、ケネディ、ジョンソン、オバマなどを含めた最近のどの大統領よりも政策課題において貧困層に寄り添う傾向が強かったことだ。

ギレンズは、こうした結果にいくらか驚きながらも、そこには利点があることも認めている。所得分布の上から一〇パーセントに位置する投票者は、これに次ぐ五〇パーセントや九〇パーセントに位置する投票者よりもはるかに情報に通じている傾向があり、そのことが彼らの政策選好を変容させる。第二章で述べたように、ギレンズは、情報に通じた民主党員と情報に乏しい民主党員では、政策選好が系統的に異なることを指摘している。高所得の民主党員は、豊富な政治的知識をもつ傾向があり、低所得層の民主党員は、無知であるか誤った情報に惑わされる傾向がある。低所得層の民主党員は、二〇〇三年のイラク侵攻をより強く後押ししていた。彼らは、愛国者法、市民の自由の侵害、拷問、保護主義、中絶の権利と避妊具へのアクセスの制限をより強く支持している。さらに同性愛者に寛容ではなく、男性同性愛者の権利に反対している[50]。

私のような道具主義者にとっては、ギレンズが得た結果は喜ぶべきものである。それは、デモクラシーが実際には機能していないからこそ、本来よりもうまく機能していることを意味する。デモクラシーは、個々の市民に平等な発言権を与えることになっているのに、そうはなっていない。どういうわけか情報に通じていて賢明な政策選好をもった投票者は、そうでない投票者と比べて、より代表されており、より選好が満たされている。情報に通じてより賢明な投票者であればあるほど、自分の思い通りになる可能性が高いのである。

ギレンズは証明こそしていないが、高所得の投票者がより大きな影響力をもつのは、選挙活動により多くの寄付をするからであるという仮説を立てている[51]。確かに高所得層の投票率は、低所得層よりも僅かに高いだけであるにもかかわらず、政治家が低所得層よりも高所得層の側につく可能性は、平均して約六倍も高い。高所得層は、低所得層の約六倍も選挙運動に寄付をしているのである。

私はギレンズの仮説が正しいのかについては確信をもてない。第一に、政治献金が選挙結果にほとんど影響を与えないことを示すように思える文献が多数存在する。(52) おそらくだが、高所得の投票者は知識の豊富な投票者なので、平均的あるいは低所得の投票者と比較して、はるかに業績投票に長けている可能性が高い。それゆえに政治家たちは、平均的あるいは低所得層よりも、高所得者層を喜ばせるより強いインセンティヴをもつ。むろんここでこの仮説を証明するつもりはない。しかしもしギレンズが正しく、高所得の投票者がより多くの寄付をすることでより多くの影響力をもつのであるならば、なんらかの選挙資金改革は、高所得の投票者による賢明な政策選好ではなく、平均的な所得の投票者による賢明でない政策選好に政治家をより反応させることで、より質の悪い政府を生み出す可能性があることは指摘しておくべきだろう。こうしてみると高所得の投票者は、金で権力を買ってしまっているわけだが、それは彼らがすべての人のためにより良い政府を買ってくれているとでも言えるのかもしれない。

現代のデモクラシーでは、市民の大多数が無知であり非合理的であり、十分な情報さえあれば支持しない政策や候補者を支持している。それでもほとんどのデモクラシーは、独裁国家、寡頭制国家、君主制国家、一党独裁制国家と比較して、それなりには良い決定を下す傾向がある。市民がどれだけ無知であり非合理的かを考慮にすれば、こうした国家はわれわれの期待以上の機能を発揮する傾向もある。ただしその理由の一端は、一部の情報に通じた市民が、不釣り合いに大きな政治的権力を行使したり、市民の多数派が反対することをやってのけてしまうためであるようだ。

その他の媒介要因：すべてを考慮したとき、デモクラシーはどれだけ賢明であるのか？

投票者は、特定のイデオロギーや政策的な傾向を備えた政治家を選ぶものなので、そうした傾向に見合った法律や規制、政策が実施される可能性が高くなる。しかし選挙から法律や規制が成立するまでの道のりは複雑である。投票者に選挙の最中に候補となる法律案から選んでもらい、多数派により選ばれたものがすぐに制定されるわけではない。むしろ選挙というその場での多数派が望んでいると思われることと、実際に成立する法律や規則のあいだには、さまざまな政治諸機関や行政手続が媒介している。イアン・シャピロやダニー・オッペンハイマーのような実証志向のデモクラシー理論家の多くは、デモクラシーが思っている以上にうまく機能する理由の一つとして、そうしたことを指摘している。確かに投票者となる市民の大部分は非合理的であるが、別に彼らが望んでいるものがそのまま与えられるわけではないのである。

そうしたいくつの媒介要因を検討してみよう。

・現代のデモクラシーは、政治的論争のための多様な回路を認めている。市民の集団があるテーマに真剣に関心を持てば、政治家に大きな圧力をかけることができる。多くの場合、自分たちの側に世論を引き寄せることができる（たとえば、同性婚をめぐる最近の米国世論の変化を見ればわかるだろう）。

・軍部を含む巨大な政府の官僚機構は、独自の論理をもっている。そういう組織は、大統領や議会の命令に従うだけでなく、しばしば自ら争点を設定したり、選ばれた議員による統制を無視して独自の行動をする。このことは司法も同様である。

・抑制や均衡、頻繁な選挙などを備える形で設計された政治的プロセスは、政情不安を防ぐ傾向がある。(53)

・投票者は情報に乏しい一方で、政治家は十分な情報に通じており、その多くはそれなりには意欲的である。彼らは互いに取引をして妥協をすることもあれば、自分の立場にこだわって相手側の一方的な押しつけを妨げることもある。その結果、政治的な成果は、現状からの変化が段階的になるという意味で比較的に穏当で保守的なものになる傾向がある。

・政党は、投票者の希望、意見、そして願いとは無関係に、政治的争点を形成し、意思決定を行うための大きな権力を持っている。ほとんどの投票者は無知であるため、政党が何を行ったのかを理解する可能性は低く、よってもし仮に知っていたとすれば好まないような法律が課せられたとしても政治家に罰を与える可能性は低い。

このように媒介要因は、選挙というその場での多数派がもつ権力を弱めて、より情報に通じた市民に大きな権力を委ねる傾向がある。その意味においてデモクラティックなシステムには、エピストクラティックなチェックが内在している。

政治学では、選挙の最中において投票者が望んでいると思われることと政府が実際に行うことのあいだには、こうした要因がどのように媒介しているのかを示す実証研究が蓄積されている。デモクラシーが行うことは単純に投票者の選好に相関するわけではないのだ。

有能性原理は、一般的に能力のある政体が、その能力を発揮して誠実な仕方であらゆる重大な政治的決定を行うことを要求している。しかし前章で説明したように、私は以下のような議論をしているわけではない。

1．近代デモクラシーの典型的な選挙では、投票者は総じて有能性原理を満たさない。
2．よって、典型的な近代デモクラシーが行っていることは、ことごとく有能性原理を満たさない。あらゆる段階におけるあらゆる決定が不正であり、正統ではなく、そして権威的でもない。

第二の前提は、第一の前提から導かれないし、有能性原理に対する誤解に基づいている。有能性原理は各決定を独立して評価する。上位レベルでの決定が有能ではない仕方で行われた場合、そうした事実によって、それ以下のレベルのあらゆる決定が有能ではなく、悪いものであり、不正であると見なされるわけではない。また実際に、有能ではなく、悪いものであり、不正なものになるわけでもない。

本章の題は「デモクラシーは有能であるのか？」であった。この問いはあまりにも単純である。おそらく実際のデモクラシーは、ある点においては有能ではなく、ある点においては有能であるのだ。

一部の政治的な意思決定者は有能であるのだが、それ以外の人々はそうでないのかもしれない。

選挙における有権者は、系統的に有能でなく無知と非合理性に基づいた決定を行っているという強力なエビデンスがあることを確認してきた。それにもかかわらず民主的な政府による決定の多くが、有能な仕方で行われていることを示すには、上記のリストで列挙した要因で十分であるだろう。繰り返すが、有能性原理は、あらゆる個別の決定に適用される。よって有能性原理は、選挙の後にデモクラシー国家が行うことのすべて、あるいは、その大半を非難するものでなくとも、典型的な選挙を非難することはありうる。投票者が選挙の最中に望むことと政府が実際に行うことのあいだには、きわめて多くの要因が媒介していることを考慮に入れた場合、有能性原理が選挙結果に適用されるのかについて疑問を抱くかもしれない。こうした批判については、抽象的ではあるが一種のジレンマをもって応えたい。有能性原理は、重大な決定――人々に甚大な危害を与えたり、生命や自由、財産を奪いうる決定だけに適用される。国歌や国旗の色をどうするのか等、それほど重大でない決定には適用されない。そのうえで次のように問うてみよう。あらゆる媒介する要因を考慮にいれた場合、選挙結果を重大なものとしてみなせるのか。ここにはふたつの可能性がある。

ほとんどの選挙はそれでも重大であることに変わりない。この見解によれば、投票者が望むことと政府が行うことのあいだに多くの要因が媒介するとしても、投票者は（ほとんどの選挙で）その決定が重大であるとみなせるに十分な権力をもっていることになる。もしそうであるならば、本書で検討してきた投票者や投票行動に関する経験的なエビデンスに照らして言えば、投票者のほとんどが有能性原理を満たさないと結論づけるべきである。もしある種のエピストクラティックな意思決定方法がより上手く機能することが判明した場合には、デモクラシーをエピストクラシーに取りかえるべきだ。われわれは、デモクラティックな選挙ではなく、エピストクラティックな選挙を用いるべきである（むろん、このことは、エピストクラシーから得られる便益がデモクラシーからの移行にかかる費用を上回ることを前提にする）。

ほとんどの選挙結果はそれほど重大でない。この見解によれば、さまざまな形で媒介する要因がきわめて重要であるため、選挙は重大であると言うことに意味がないことになる。もしそのように重大でないならば、有能性原理は選挙に適用されないことから、投票者が重大な決定を行う能力がない傾向があることは道徳的に問題にならない。

ではいずれの可能性が正しいのか。選挙は重要なのか否か。これは簡単には答えられない問いである。何千もの政治学者がこの大きな問いに回答を与えるために自身のキャリアを捧げてきたと言ってもよい。ここで多くの頁を割いて多様な形で媒介する要因についての実証研究を検討するつもりはない。しかし私はこれらの研究から、ほとんどの主要な選挙が、小学校五年生が素朴に考えるほどではないにせよ、依然として重大な意味があると言えると考えている。

公職者を選挙で決めることは、直接的に政策を決めるわけではないが、既存のものとは異なる政策が実施される確率を大きく変化させる。もし私が正しければ、民主的な政府関係者による決定がことごとく不正であることを意味しないものの、普通選挙権を備えた民主的な選挙は不正であるとみなせる推定的な根拠があることになる。

私が誤っていると仮定しよう。第二の可能性が正しく、選挙は本当に重要でないことが明らかになった。さらに選挙の後に媒介する要因が非常に決定的であるため、典型的な議会、連邦議会、そして大統領を選出する選挙は重大なものに該当しないとしよう。そうであるならば、有能性原理はこれらの選挙には適用されないことから、第二章、第三章で検討してきた選挙や投票行動についての事実は、デモクラシーよりもエピストクラシーを支持する理由を与えないだろう。

しかしもし第二の可能性が正しいならば——選挙が本当に重要でないならば——、このことは、ほとんどのデモクラシー支持者にとってろくな慰めにもならないはずである。改めてエピストクラシーよりもデモクラシーを支持する主要な理由を思い返してほしい。その議論の多くは、なんらかの形で、選挙は重要であるとか、投票者という集団に力を与えるとか、普通選挙制は政府が適切に市民の利益に応答するために必要であるとか等の見解に依拠している。しかしもし第二の可能性が正しければ、彼らはそうした議論をする余地がないことになる。第二の可能性は、重要なのは選挙後のことなのだと指摘している。そうであるならば、デモクラシー支持者が（選挙権がなんらかの形で不平等である）エピストクラシーよりも（選挙権が平等に保障される）デモクラシーを支持する理由ははっきりしない。要するに（第四章、第五章で検討した）デモクラシーの手続き主義的な擁護は成功していない。第二の可能性は、デモクラシーよりもエピストクラシーを支持する理由にはならないが、手続き主義的な議論の失敗と相まってその逆の理由にもならないことを示唆している。

要約しておこう。第一の可能性が正しいならば、有能性原理はデモクラシーよりもエピストクラシーを支持する推定的な根拠を与える。第二の可能性が正しいならば、デモクラシーとエピストクラシーのあいだの選択は、甲乙つけがたく、どちらかに決めることはできない。いずれにせよここまでの本書の議論は、デモクラシー支持者を苦しい立場に追いやるはずだ。この時点で彼らが取れる態度は、デモクラシーよりもエピストクラシーを推定的に支持するか、あるいは、これについて中立的であるかのいずれかである。私が「エピストクラシーを試そう!」というとき、あなたは、事実が二つの可能性のいずれを支持するのかに応じて、私に賛成するか、少なくとも反対しないかのいずれかになるはずである。そういうことなので、エピストクラシーのいくつかの形態について検討してゆくことにしよう。

注

(1) Brennan 2012a, 125–26; Read 1958.
(2) Converse 1990, 381–82.
(3) Condorcet 1976, 48–49.
(4) Page and Hong 2001.
(5) ただしデモクラシーの現代的擁護のすべてが理論的であるわけではない。たとえば帰結主義的擁護として、Shapiro 2003; Knight and Johnson 2011; Oppenheimer and Edwards 2012 を参照。
(6) Landemore 2012, 9.
(7) Ibid., 195.
(8) Althaus 2003, 29; Caplan 2007a. アルトハウスとカプランは、人口統計学的な要因を是正している。
(9) Ibid.
(10) デイヴィッド・ダニングとジャスティン・クルーガーは、よく知られているように、能力に乏しい人は誰が最も能力があるのかを判別できないことを明らかにした。その代わりに、こうした人は自分を有能だと思い、自分よりも有能な人を選べと言われると、自分よりもほんの少しだけ有能な人を選ぶ傾向がある。Ehrlinger et al. 2008; Dunning et al. 2003; Kruger and Dunning 1999, 2002 を参照

(11) Somin 1998, 431. こうした主張を経験的に検証するものとして Bartels 1996; Alvarez 1997 を参照。

(12) Jakee and Sun 2006.

(13) Althaus 2003, p. 40.

(14) たとえば、Grofman and Feld 1988; Barry 1965; Dagger 1997, 96–97; List and Goodin 2001; Goodin 2003 を参照。

(15) Estlund 1994, 131.

(16) 重要なことに、陪審定理が成立するためには、個々の投票者の確率が統計学的に独立しており、自分が最善であると思うことに誠実に投票しなければならない。陪審定理が現実のデモクラシーに適用されるかどうかについての議論の多くは、これらの条件が実際に成立するのかに関わっている.

(17) よって、たとえばエストランド（2007, 136–58）は、コンドルセの陪審定理に含まれる数理的な証明に異議を唱えているのではなく、それが現実のデモクラシーについて何かを教えてくれることを否定しているだけなのだ。同様に、（私は、デモクラシーはほとんど無能であると思っているし、投票者の能力の平均値と中央値が＜0.5であることを証明できると思っているので）陪審定理が現実のデモクラシーに適用できるとすれば、それは思想的に都合が良いことではあるのだが、私もその定理は単に数理的に興味深いものであるとしか考えていない。

(18) Somin 2013, 114［邦訳一一八頁］.

(19) Ibid., 114; Hong and Page 2004, 163–86.

(20) Thompson 2014, 1024.

(21) Landemore 2012, 3.

(22) Page 2007, 7.

(23) ペイジによる研究にある問題点は、専門家をあたかも全員が同じ認知モデルを持っている画一的な存在として扱っていることである。しかしおそらく、ペイジによる研究は、多様性に富んだ非専門家たちに決定させるよりも多様性に富んだ専門家たちに決定させる方が良いという議論になっている。

(24) ペイジのモデルは、問題が容易に定量化できる場合や、質問に対する定性的な回答が異なるカテゴリーに容易に分類できる場合に最も機能する。その他の種類の争点にどのように適用するかはそれほど明確ではない。またペイジは、たとえば異な

る職業や人種を多く含めると集合知が創発する傾向があると示唆しているわけではないことには注意されたい。むしろ彼の意図は、多様性に富んで知的な認知モデルをもつひとが多くなることが、集合知の創発に繋がる傾向があるということである。付け加えておくと、知的でないひとは、単純で素朴な認知モデルをもっている傾向があり、彼らが集合的な意思決定に参加したところで決定の精確さを損なわせる傾向がある。ペイジは、時折このことを認めており、彼の多様性のモデルがどれだけ現実の民主的な意思決定に適用できるのかについては勇み足であるように思える。この点についてペイジをコンパクトかつ鋭く批判するものとして Tetlock 2007 を参照のこと.

（25） Page 2007, 212–14, 391–91; Page and Lamberson 2009.

（26） Page 2007, 346–47. ペイジ（Ibid., 147）は、「最も問題解決に長けたひとは類似している傾向がある。したがってそうした人々を集めたところで個別に問題を解決する方が良い結果をもたらすことがある。知的で問題を解決しようとするひとを無作為に集めることで多様な観点が担保される傾向がある。この多様性こそが集団としてより良い結果をもたらすのだ。より挑発的な言い方をすれば、多様性は能力に勝る」と述べている。

（27） Page 2012.

（28） Page 2007, 345.

（29） Emily Alpert, "Related Story: Gun Crime Has Plunged, But Americans Think It's Up, Says Study," Los Angeles Times, May 7, 2013, http://articles.latimes.com/2013/may/07/nation/la-na-nn-gun-crimes-pew-report-20130507（二〇一六年一月一一日最終アクセス）.

（30） Landemore 2012, 196. これは米国政治学会（二〇一四年八月三〇日）で私が指摘した批判に対する彼女の回答でもある。

（31） Ezra Klein, "The Budget Myth That Just Won't Die: Americans Still Think 28 Percent of the Budget Goes to Foreign Aid," Washington Post, November 7, 2013, http://www.washingtonpost.com/blogs/wonkblog/wp/2013/11/07/the-budget-myth-that-just-wont-die-americans-still-think-28-percent-of-the-budget-goes-to-foreign-aid/（二〇一六年一月一一日最終アクセス）.

（32） Jamelle Bouie, "The Gulf That Divides Us: The Whiteness Project Under-scores Why There Is So Little Empathy between Whites and Blacks," Slate, October 17, 2004, http://www.slate.com/articles/news_and_politics/politics/2014/10/the_whiteness_project_whites_and_blacks_are_still_living_in_separate_worlds.html（二〇一六年一月一一日最終アクセス）.

（33） Landemore 2012, 200.

(34) Ibid., 203.
(35) Caplan 2012, 328.
(36) Caplan 2007a, 85［邦訳一六四—一六九頁］.
(37) Ibid.［邦訳一六四—一六九頁］.
(38) Clemens 2011.
(39) この論点についての研究を概観するものとしてBrennan 2012a, 150–54を参照。
(40) Tetlock 2005.
(41) Landemore 2012, 205.
(42) See Bryan Caplan, “Tackling Tetlock,” Library of Economics and Liberty, December 26, 2005, http://econlog.econlib.org/archives/2005/12/tackling_tetloc_1.html（二〇一六年一月一一日最終アクセス）. Caplan cites Tetlock 2005. Caplan 2007b. も参照.
(43) Caplan 2007b, 83.
(44) Sen 1999, 178［邦訳二〇二頁］.
(45) たとえばRosato 2003を参照.
(46) Brennan 2015を参照.
(47) Somin 2013, 96［邦訳一〇〇頁］.
(48) Brennan and Hill 2014, 100.
(49) Gilens 2012, 80.
(50) Ibid., 106–11.
(51) Ibid., 241.
(52) たとえばAnsolabehere, Figueiredo, and Snyder 2003; Stratman 2005を参照.
(53) たとえばOppenheimer and Edwards 2012, 119–222を参照.

第八章　知者の支配

第一章で私は、デモクラシーに価値があるとすれば、それはどのようなものか、と問うた。一部の人々は、デモクラシーには絵画と同じような仕方で価値があると考えている――つまり、デモクラシーが表出したり、象徴したりしているものを理由として、デモクラシーに価値があると考えている。また別の人々は、人間を目的それ自体として評価するように、デモクラシーを評価すべきだと考える。しかし、これまでの数章で確認してきたように、これらの結論を支える議論は上手くいっていない。そこで残るのは最後の選択肢である。デモクラシーは、ハンマーに価値があるのと同じような仕方で価値があるものかもしれない。デモクラシーは有用な道具に過ぎない。だが、これまでの数章で確認してきたように、デモクラシーは欠陥のある道具なのである。もっと優れたハンマーはないのか、と問うべきである。

本章では、様々な形態のエピストクラシーを試みる方法について探求を行う。まず、制度について理論化を行う際に哲学者が犯しがちなミスについての記述からはじめる。これは、部分的には、問題がなにであるかを明確にするためでもあり、こうした間違いを犯さないようにエピストクラシーの批判者に警告するためでもある。また、私自身が同じ轍を踏まないように自分を律するためでもある。その後、様々な形のエピストクラシーがどのように機能するのか、また、エピストクラシーを導入する際の問題点とはなにかを説明する。

大きくて可愛い豚コンテスト

政治学者のマイケル・マンガーが考案した思考実験は、人々が制度について推論を行う際に犯しがちなミスを明らかにしている。家畜品評会が、「大きくて可愛い豚」コンテストの開催を決めたと想像してみよう。蓋を開けてみると、エントリーしたのは二匹だけだった。大きい豚も可愛い豚もたくさんいるが、大きくて可愛い豚はほとんどいない。審査員は一匹目の豚をじっくり見た後にこう叫んだ。「ああ、これは醜い豚だ！　賞は二匹目の豚にあげることにしよう」。

審査員のミスは明らかである。二匹目の豚はもっと醜いかもしれない。

これは、明白なミスである。だが、多くの経済学者や政治学者、哲学者たちが、制度について判断を行う際に同様のミスを犯している。彼らは、実際の制度がいかに醜いかを訴え、そうした制度の代わりに、自分たちの好む代替案を実施すべきだと主張する。しかし、彼らは自分たちの代替案がさらに醜いかどうかについて、検討していないのである。たとえば、左派リベラルであれば、市場の失敗を指摘し、この問題を解決するための権力を政府に与えることを提案しながらも、市場における政府の失敗が市場の失敗よりも悪いものになり得る可能性を考慮していない恐れがある。あるいは、リバタリアンであれば、政府の失敗を指摘し、問題の解決を市場に委ねる提案をしながらも、市場に委ねることがより悪いものになり得る可能性を考慮していない恐れがある。

私は、このミスを避けたいと考えている。これまで数章にわたって、私はデモクラシーが醜い豚であることを示してきた。しかし、私たちが思っていたよりも現実のデモクラシーが醜いものであったとしても、このことは、おのずとエピストクラシーの方が可愛らしいということを意味しない。私たちは二匹目の豚に目を向ける必要があるのだ。

しかし、問題がひとつある。私の手元には、目を向けるべき二匹目の豚が存在しないのだ。ここで私は、遺伝子工学によって二匹目の豚を生み出すことを推奨したい。これまで実際に試したことがないため、エピストクラシーがより良いものであるかどうかを知ることは難しい。過去にはエピストクラシー的な要素を含んだ政府も存在していたが、私がここで擁護するようなエピストクラシーとぴったり一致するわけではない。エピストクラシーがデモクラシーよりも良いものになり得ると主張する時、私はかなりの推測を働かせる必要がある。とはいっても、私たちは十分な知識に基づく仕方で推測を働かせることができる。私たちには、市民の知識と有能性についてのデータがある。制度がどのように機能し、人々がインセンティヴにどのように反応するかについてのかなりの知識もある。どのような制度に腐敗を促進する傾向があるのか、また、どのような制度が腐敗を減少させるかについても、かなりの証拠がある。それでもなお、デモクラシーの病理を明るみに出すことは簡単だが、こうした病理を改善するような制度を設計することは、より困難なのである。

デモクラシーの支持者たちは、こうした事実を、私の議論に対する決定的な反論だと考えるかもしれない。しかし、十七世紀におけるデモクラシー擁護の先駆者たちも、本当にデモクラシーが君主制よりも優れているかどうかについて、推測を働かせる必要があったことを考えてみるべきだろう。三百年前の初期のデモクラシーの擁護者たちは、デモクラシーが君主制よりも優れていると判明するだろうと、推測を働かせざるを得なかったのである。彼らには、確信を持てるほどの十分な数の歴史上の事例がなかった。彼らにあったのは、理にかなった仮説である。しかし、デモクラシーは君主制よりも大きな混乱を招くのではないかという理にかなった懸念も存在していた。実際、今日でさえも、民主主義国家には君主制よりもひどい国がある。

完璧な豚

以上の議論は、別の種類の問題を生む。次の二組の問題を考えてみよう。

問題1：人々がほぼ完璧な正義感覚に動機づけられ、社会の中で担うどのような役割を果たすにも完全に有能で、制度が常に意図された通りに機能し、好ましい背景的条件が存在するとしたら、どのような政治体制が道徳的に最善だろうか。

問題2：〔法や道徳を〕遵守しようという人々の意図と能力が不完全で、しばしば能力に欠け、堕落しており、意図した通り制度が機能する保証はなく、背景的条件が好ましくないことがあり得る場合、重要な道徳的価値（正義や繁栄などの価値）を促進し保護する傾向について、どのような政治体制が最善だろうか。

問題1が、理想的な条件下でどのような体制がより良いものであるかを問う一方で、問題2は現実的な条件下でどのような体制がより良いものであるかを問うている。これらの問題を分けて考え、不用意に両者の間を行き来しないことが重要である。

これらの問題が同じ答えに至ると想定する理由はない。異なる条件下では、必要となる道具も異なる。すべてのパイロットが完全に有能で、あらゆる空が安全であるとの想定の下、エンジニアにジェット機の設計を依頼したと想定してみよう。この場合、エンジニアはわざわざ安全装置を取り付けようとはしないだろう。しかし、現実の世界のエンジニアには、そのようなジェット機を製作しない、義務とさえいえるような説得的な理由がある。同様に、もしかりに人々がいかなる時も善良で公正であるならば、私たちは現実とは異なる仕方で制度設計を行うことになるだろうし、おそらく、政府というものを全く必要としないだろう[(1)]。あるいは、政府が必要だとしても、権力はほとんど必要なくなるだろう。人々が腐敗している、あるいは権力によって腐敗しうる場合よりも、はるかに強大な権力を政府に委ねる理由が存在するだろう。

私が以下のように発言したと想定してみよう。「デモクラシーは多くの病理を抱えている。極めて賢明で慈悲深い王を戴くある種の君主制を想像してみよう。この君主制は現実の世界のデモクラシーよりも良いものであるはずだ！　なので、君主制はデモクラシーよりも良いものである」。この議論の穴を見破ることは容易いだろう。確かに、理想的な君主制は、現実の世界のデモクラシーよりも良いものであるかもしれない。しかしこの主張では、理想的な君主制が理想的なデモクラシーよりも良いものであるか、あるいは、悪いものであるかという問いは未決のままである。同様に、現実の世界の君主制は現実の世界のデモクラシーよりも良いものであるか、あるいは、悪いものであるかの問いも未決のままである。理想的な君主制には現実の世界のデモクラシーの問題が存在しないかもしれないが、これは今ここで君主制の実施を試みる理由を与えるものではない。理想的な君主制は、私たちにとって取り得る選択肢ではない。

同様に、私は以下のように主張することは避けたい。「極めて賢明で慈悲深い知者が支配するエピストクラシーを想像してみよう。このエピストクラシーは、現実のデモクラシーよりも良いものであるはずだ」。確かにその通りかもしれないが、理想的なエピストクラシーは私たちにとって取り得る選択肢ではない。その代わりに、以下のように問うべきである。レント・シーキングや腐敗、権力の濫用を含めた、私たちが政治行動について知っていることを前提とした上で、ある形態のエピストクラシーとある形態のデモクラシー、どちらが良い結果をもたらす可能性が高いか。

どちらのシステムも、ある場所では他の場所よりも上手く機能するだろう。文化やその他の違いから、民主的な制度は、ニュージーランドやデンマークでは、アメリカやフランスよりも上手く機能している。ひるがえって、民主的な制度はアメリカやフランスでは、ロシアやベネズエラ、イラクよりも上手く機能している。私の予想では、同じことがエピストクラシーにも当てはまるだろう。どちらのシステムも、制度の濫用やスキャンダル、政府の失敗に悩まされることになるだろう。現実の世界では、どちらの豚も醜いものとなるだろう。エピストクラシーにおけるフーリガンは、デモクラシーにおけるフーリガンと比較して、よりヴァルカンに近いかもしれないが、現実的に考えれば、エピストクラシーは依然としてヴァルカンではなくむしろフーリガンによる支配を特色とするだろう。なるほど、こうした指摘は正しい。しかし、デモクラシーがエピストクラシーより好ましいと考える手続き的な理由は存在せず、また、デモクラシーは有能性原理にも違反しているように思われるから、もしエピストクラシーが（欠点も全て含めて）デモクラシーよりも上手く機能するならば、——つまり、実質的に正しい結果をより多く生み出すなら——エピストクラシーを採用することにしよう。それがどんなものであったとしても、より可愛らしい（あるいは醜くない）豚を選ぶことにしよう。

エピストクラシーの諸形態

以下では、エピストクラシーのいくつかの可能な形態について説明を行う。知識や有能性に比例して、法や政策に関わる政治的権力を分配する程度に応じて、ある政治システムは、エピストクラシー的なものとなる。この分配は、単に事実上のものではなく、法制上のものでなければならない。普通選挙制を実施しているデモクラシーが、常に最も有能な人々を政権担当者に選出したと想定してみよう。最も有能な人々が公職を担うことになるだろうが、法によって根本的な政治的権力を平等に分配しているため、このシステムは依然としてデモクラシーである。対照的に、エピストクラシーにおいて、法は基本的な政治的権力を平等に分配しない。

考慮に値するエピストクラシーの形態の多くは、デモクラシーにおいて存在する制度と同じ制度の一部を採用している。エピストクラシーは、議会や競争的選挙、全員に開かれた自由な政治的言論などを採用するだろう。また、新共和主義者や熟議デモクラシーの支持者が好むような、異議申し立てや熟議のためのフォーラムのうち多くのものを、採用するだろう[2]。これらのエピストクラシーは、最も上手く機能しているデモクラシーのヴァージョンに存在するような、制度、意思決定方法、手続き、ルールの多くを維持しているだろう。エピストクラシーとデモクラシーの間の大きな違いは、はじめから人々が平等な投票権や被選挙権を持っていない点にあるのだ。

価値のみへの投票

クリスティアーノは、標準的なデモクラシーとエピストクラシーの中間に位置する制度の実施を提案している。彼は、投票所で良い選択を行うために必要とされる十分な社会科学の知識を、投票者に期待することは非現実的だと指摘するところから話を始める。

> 自らの政治的目的を達成する最善の方法に関する信念について、〔この信念の妥当性を評価する〕穏当な基準であっても、市民が満たすことができるとは考えにくい。手段に関する知識は、特定の事実に関する膨大な量の社会科学と知識を必要とする。市民一般がこの種の知識を持つためには、社会における分業を放棄する必要があるだろう[3]。

クリスティアーノは、典型的な市民には、政府の適切な目的について熟慮し選択する能力があると信じている。しかし、これらの諸目的を達成する最適な手段を知るためには、市民は社会学や経済学、政治学の専門家となる必要があるだろう。彼らは、最適な手段について決定を下すことができるほど有能ではない(4)。クリスティアーノの提案する解決策は、政治的分業を行うことである。つまり、「市民は、社会が目指すべき目的を定義する仕事を担い、立法者は、立法によって、これらの目的を達成するための手段を実施し策定する仕事を担う(5)」。

私も同意するのだが、クリスティアーノは、この政治体制がある種のデモクラシーであると主張する。根本的な政治的権力は、依然として市民たちの間で平等に配分されている。クリスティアーノの提案の下では、立法者は道具的な権威しか持たない。彼らは、指導者というより行政官なのである。

アナロジーとして、ヨットのオーナーとヨットの船長の関係を考えてみよう。オーナーは船長に行き先を告げ、実際の船の運航は船長が行う。舵の取り方を知っているのはオーナーではなく船長だが、上位の権限はオーナーにある。オーナーは船長をクビにすることができ、そのような条件の下で船長はオーナーに仕えている。同様に、クリスティアーノの提案の下では、立法者はデモクラシーの選挙民に仕えている、とクリスティアーノは主張するかもしれない。立法者はデモクラシーの下で暮らす市民たちが従わなければならない法を制定する一方で、当該の市民たちはこれらの法が取るべき方向性を立法者に指示するのである。

この種のシステムの実施には深刻な懸念が存在することをクリスティアーノは認めている。現在、市民たちには、政府の目的だけでなくその手段まで、相当程度選択の余地が認められている。潜在的な立法者や政党は、目的に加えて、目的を実行するための政策を含んだプラットフォームを運営している。クリスティアーノ（と私）は、市民たちが、手段について投票するために十分な知識を持たないことを懸念している。しかし、クリスティアーノは、様々な候補者の政策プラットフォーム間で選択を行うために必要とされる社会科学の知識が、市民たちに欠如していることを認めている。この場合、おそらく、市民たちの目的を実現する政策を、立法者が有能かつ忠実に選択したかどうかを判断するために必要とされる社会科学の知識も、市民たちに欠如しているだろう。

ヨットのオーナーと船の船長の場合、オーナーは船長が自分の希望する目的地に連れて行ってくれたかどうかくらいは少なくともわかる。かれらは、より腕の優れた船長ならもっと早く到着できたかどうかはわからなくても、バミューダにいるのか、あるいはハイチにいるのかくらいは少なくとも判断できる。しかし、同じことはデモクラシーには当てはまらない。立法者が選挙民の目的を達成しようと試みて十分な仕事をしたかどうかを知るためには、クリスティアーノが不足していると言う社会科学の知識が選挙民に必要となる。さらに、手段の選択を立法者に丸投げすることに市民たちが慣れてしまうと、かれらは手段を評価することが今以上に苦手になってしまうかもしれない。

国民が、失業率を可能な限り低くすることを唯一の目標とする完全雇用党（the Full Employment Party）を政権として選択したと想像してみよう。四年後、実際には、失業率が二倍になったと想定してみよう。完全雇用党は、いい加減な仕事をしたのか。必ずしもそうではない。極めて好ましくない状況下で、できる限りのことをやったのかもしれない。他のどんな諸政策も、失業率のより一層の悪化を招いていたのかもしれない。完全雇用党がその任を果たしたかどうかを評価するために、市民たちには、膨大な量の社会科学の知識——大半の市民には欠けている知識——が必要となる。あるいは、完全雇用党が仕事を果たしたかどうかを評価する専門家を特定する必要があるだろう。しかし、もしかりに市民たちが専門家の評価を選別することに長けているのならば、そもそもクリスティアーノの提案に従う必要はなくなるだろう。

クリスティアーノは、これらの反論を克服する試みにかなりの紙幅を割いている。彼がその試みに成功したかどうかは、ここでの私の関心事ではない。なぜなら、私はこの問題を彼よりもさらに深く追及したいからである。私の疑問はこうだ。市民が、目的や純粋に規範的な問題については、投票する能力があると想定するのはなぜなのか。これまでの章で検討してきた諸問題——深刻な認知バイアス、政治的フーリガニズム、政治について合理的に考えるインセンティヴの欠如——は、経験的な事柄だけでなく規範的な事柄にも当てはまる。

さらに、クリスティアーノと私は二人とも、強いインセンティヴを持つにもかかわらず、多くの人々が価値について明確に考えることができないことを、何千回と目の当たりにしてきた。たとえば、クリスティアーノは、勤務する大学で大規模な政治哲学の入門講義を担当していた。これらの入門講義が求める基準は低く、また、自分たちの成績がかかっているにもかかわらず、多くの学生は政治哲学における最も基本的な諸問題についての基礎的な理解もおぼつかない。しかし、これらの学生たちは——その多くが大学を中退することになる——、アメリカにおける知的エリートの一部なのである。

最後に、規範的な事柄と経験的な事柄をどの程度切り離すことができるのかも明確ではない。取り立てて社会科学的知識を持たずとも、正義に関する最も抽象的で一般的な原理について、議論したり、合理的に信念を形成したりすることは可能かもしれない。(これが本当であるかどうかは、現代の政治哲学において激しく議論されている(6))。しかし、クリスティアーノが提案するシナリオでは、政党は環境保護VS経済成長のような現実的なプラットフォームを運営する。私たちは、なにを目標とすべきかについて理にかなった見解を形成する前に、そのような目標間であり得るトレードオフや機会費用について、ある程度知っておく必要があるだろう。繰り返しになるが、これには膨大な社会科学の知識——大半の市民に欠如している知識——が必要となるのだ。

制限選挙と複数投票制

車の運転は、無実の通行人にリスクを負わせることになる。このため、アメリカ(と大半の他の国)では、運転する権利を取得しなければならない。どの州でも、すべての成人は、基礎的な運転能力を証明する試験に合格する必要がある。あらゆる人が——裕福な人も、貧しい人も、黒人も白人も——同じ試験を受験する。もちろん、一部の人々は他の人々よりも試験に合格する確率が高いが。

運転が下手な個々のドライバーとは異なり、個々の愚かな投票者は結果に影響を与えない。しかし、集団としては、かれらは無実の傍観者に深刻なリスクを負わせる恐れがある。制限選挙型のエピストクラシー——ないし、私がこれまでエリート主義的な選挙制度と呼んでいたもの——は、基礎的な知識を証明した市民だけに政治的権力を制限することで、この問題に対応する(7)。この制度の下では、全員が平等な状態から出発する。はじめから政治的権力の執行の権限が付与されていたり、許可されたりしている人は存在しない。全員、政治的言論を行使し、政治的な考え方を出版し、抗議する等の広範な市民的自由を持つが、投票の市民的自由は持たない。とはいえ、アメリカのほとんどの州で基礎的な法的知識を（たとえば法学の学位を取得することによって）証明しない限り裁判官になれないように、エリート主義的な選挙制度の下では、市民たちは投票する免許（おそらく立候補する免許も）を取得するよう要求される。

制限選挙型のエピストクラシーの一つの形態は、潜在的な投票者たちに投票者資格試験を受験するよう求める。この試験は、〔人種や性別等の〕人口統計上の背景を問わず、すべての市民に開かれたものとなるだろう。この試験は、選挙についてひどく間違った知識を有していたり、無知であったり、あるいは、社会科学の基礎的な知識を欠いた市民たちを振るい落とすだろう。たとえば、アメリカでは、全米選挙調査の質問を利用できるかもしれない。別の手段として、アメリカでは、市民権取得テストに合格することや、アドバンスト・プレイスメント[1]の経済学と政治学の試験で三以上の成績を取得するよう求めることができるかもしれない。また別の手段としては、テストを全くイデオロギー色のないものにすることもあり得る。潜在的な投票者たちに、論理学や数学の問題を解くよう求めたり、地図上で世界の国々の六〇％を特定できることを求めたりするだけでよいかもしれない。この場合、テストは知識を直接測るのではなく、政治的知識と正の相関関係がありそうな事柄について計測を行うことになるだろう。

特定の選挙に必要とされる知識に関して、正確に測定を行う試験を設計することはおそらく不可能だろう。結局のところ、なにが問題となっているのか、そしてどんな知識が必要とされるのかは、選挙ごとに異なる。また、なにが関連する知識と見なされるのかも、理にかなった異論の的になる。こうした事態は、なにが関連する知識であるのかについて、真理が存在することを否定するものではない。要点は、そのようなテストを設計し実施するためには、それぞれのアジェンダとイデオロギーを持った現実の人間に頼らざるを得ないことにある。

テストを客観的かつ非イデオロギー的なものにするために、テストの内容を基本的な事実や、根本的でほとんど議論の余地のない社会科学上の主張に限定することもあり得る。厳密に言えば、こうした知識の大半は、どの選挙にも無関係なものである。たとえば、アメリカの市民権取得テストには、良い投票者になるために必要なものはほとんどなにも含まれていない[8]。それでも、少なくとも現在は、この種の知識を持っている人は、関連する知識を持っている可能性がはるかに高い。これまでの章で確認したように、公民科目の基本的な問題について答えを知っている市民は、あらゆるイデオロギーの経済学者が信じている内容により近い政治的意見を持つ傾向がある。とはいうものの、そのような試験に合格することを選挙権取得の条件とすると、テストと政治的知識の間の相関関係が弱まる、あるいは、消滅してしまうかもしれない。現在のところ、アメリカ人の中には、高度な政治的知識や社会科学上の知識を持ち、そのために市民権取得テストで高得点を獲得できる人もいる。しかし、もし市民権取得テストを投票可能な人を決定するために使用すると、人々は「試験のために詰め込み勉強を行い」、テストに出題される基本的知識だけを学んでその他のことはなにも学ばなくなり、結果として、テストは背景的な社会科学の知識の代理として機能しなくなるだろう。効果的な投票者資格試験は、入門レベルのミクロ経済学や政治学のような、基本的な社会科学の知識をテストする必要があるだろう。

貧しい人々や不利な人々に良い投票者になってもらうために、試験に合格して投票権を獲得することができる市民に、政府はインセンティヴを与えることもできるかもしれない。たとえば、投票する資格を得た人は千ドルの税額控除を得られるという仕方で、政府は賞品を与えてもよい。

他の手段として、制限選挙制が、試験に合格した人に対して無料での投票を認めることもあり得る。この場合、二千ドルの罰金を払うという条件でのみ、試験に落第した人に投票を認めてもよい。こうした仕方と同じように、アメリカ政府は、燃費の悪い車に対して「高燃費（gas guzzler）」税を課している。

制限選挙制では、市民たちは、一票かゼロ票を保有することになる。別のヴァージョンのエピストクラシーでは、投票権力についてさらに大きな不平等を認める。ミルによって提案されているような複数投票制の下では、各市民は、はじめから一票は保有している。（もっともこの初期票はゼロ票でもあり得る）。なんらかの行動をしたり、なんらかの試験に合格したり、あるいは有能性や知識を証明することで、市民はより多くの票を獲得することができるだろう。ミルは、なんらかの学位を持つ市民に追加的な票を配分することを望んでいた。十六歳で全員が一票を獲得し、高校を卒業すると五票、学士号を取得すると五票、大学院を卒業すると五票を追加するという風に決めることもできる。別の方法として、十六歳で全員に一票を与え、投票者資格試験に合格した人には、さらに十票を与えるという方法もあり得る。

制限選挙制や複数投票システムは、「絶対的な権力を持つ哲人王」のような階級を生み出してしま

う と、 一般の人が反対するのを耳にしたことがある。しかし、この反対は、制限選挙制や複数投票システムの正確な特徴づけからほど遠いものとなっている。これまでの章で紙幅を割いて論じたように、現代のデモクラシーにおける個々の投票者が持つ力は限りなく小さい。ソーンダースは、「政治的権力に関しては、……各人に与えられた分の政治的権力は非常に小さいので、厳格な平等に固執することは、ケーキの一切れを平等にすることを主張するというより、ケーキの残りくずをめぐって議論するようなものだ」と冗談を述べている。(9) 複数投票制あるいは制限選挙制の下では、典型的な投票者が持つ力は限りなく小さい。なので、たとえば、もしアメリカが成人人口のうち最も有能な上位一〇%のみに投票権を認めたとしても、依然として、こうした投票者の投票権力はカナダやオーストラリアの平均的な投票者の投票権力よりも小さいものとなるだろう。もしオーストラリアが最も有能な上位一〇%の〔潜在的な〕投票者に投票権を限定したとしても、依然として、通常の状況において、こうした個々の投票者が選挙の結果を左右する確率は百万分の一よりもはるかに小さいだろう。

参政権くじ引き制

ロ ーペス=ゲーラは、『デモクラシーと参政権剥奪』の中で、彼が「参政権くじ引き制」と呼ぶエピストクラシー的なシステムを擁護している。このシステムについて、ローペス=ゲーラは次のように説明している。

参政権くじ引き制はふたつの装置から構成される。第一に、人口の大部分から参政権を剥奪するための抽選が実施されるだろう。毎回選挙前になると、公衆のうちランダムに選ばれたサンプル以外の人々が排除されることになる。単に特定の選挙において投票する権利のない人々を決定するだけなので、この装置を私は「排除的抽選」と呼ぶことにする。ところで、抽選に選ばれた人々（予備投票者）に自動的に参政権が付与されるわけではない。予備投票者たちは、かれらが元々属していた公衆の面々と同様に、投票を行うのに十分なほど有能ではないだろう。ここで、二つ目の装置が登場する。最終的に選挙権を付与され投票するために、予備投票者は、比較的小さな集団として集まり、能力開発プロセスに参加することになる。このプロセスは、投票用紙に記載されている選択肢について、知識を最適化するように慎重に設計されている[10]。

ローペス＝ゲーラの計画では、はじめから投票権を持っている人は誰もいない。この点で、誰もが平等な立場からスタートする。くじ引きによって、市民たちの一部が、その構成はランダムであるが、市民全体を代表する集団として選ばれる。（まもなく行われる）来るべき選挙において、投票権を得る可能性があるのはこうした市民たちのみである。くじ引きの目的は、人口構成に関して、投票を行う市民たちと市民全体の間に同一性が成立する可能性を高めることにある。最後に、これらの市民たちは互いに様々な形態の熟議フォーラムに参加し、政党の綱領などを学ぶよう求められる。

ローペス＝ゲーラによれば、彼のシステムは、これまで哲学者や政治経済学者が考案してきた他のあらゆるエピストクラシー的なシステムと大きく異なっている。大半のエピストクラシー的なシステムは、最も有能な投票者を選別するか、あるいは、最も無能な投票者を排除しようと試みる。彼の提案するシステムは、最も有能な投票者を育成することを意図している[11]。

ロ－ペス＝ゲーラの好む形態のエピストクラシーについては、多くの優れた点が存在する。とりわけ、彼の提案するエピストクラシーは、以下で検討を行う、エピストクラシーに対する「人口構成に基づく反論」を免れている。とはいっても、第二章と第三章で論じた投票者の心理学や熟議に関する事実と照らし合わせると、有能な投票者を育成することは、そうした投票者を選別することよりも、はるかに困難で失敗する可能性が高いことを私は懸念している。ロ－ペス＝ゲーラは、良い投票者を生み出す熟議デモクラシーの能力について、私よりもはるかに楽観的である。さらに、ロ－ペス＝ゲーラは、能力の基準についても、私よりも低いものを設定しているように思われる。私が思うに、良い投票のために求められる知識は、候補者がなにを望んでいるのか、また、候補者が実現できる可能性の高いことについての知識だけではない。加えて、候補者の好む政策がどのように機能する可能性が高いのかについての社会科学的な知識も必要となる。私は、二、三日の熟議でそうした知識を伝えることが可能であるか疑問に思う――一学期学んでも、大半の学部生は依然として、たとえば基本的なマクロ経済学について理解していないのである。

ロ－ペス＝ゲーラは、彼の能力開発プロセスが「操作とアジェンダ・コントロールのリスクを高める」ことを認めている[12]。この懸念に対する彼の応答は、私には正しいように見える。彼によれば、確かに、多くの場所とケースでこうしたプロセスが濫用される可能性があり、そうした場合にはこのプロセスを使用しない理由になり得る。しかし、私たちが行うべきであるのは制度の比較分析である。

もし、ある場所で（それが被るあらゆる濫用を伴った）参政権くじ引き制が（そのあらゆる問題を伴った）デモクラシーよりも上手く機能するのなら、参政権くじ引き制を使用することにしよう[13]。もし別の場所で、デモクラシーがより上手く機能するのなら、デモクラシーを用いることにしよう。結局のところ、ローペス＝ゲーラの見解は私と同じである、つまり、最も醜くない豚を選ぶのである。

知者の拒否権を採用した普通選挙制

代わりに、「知者の拒否権を採用した普通選挙制」と呼ばれる、ハイブリッドな政治システムを考えてみよう。このシステムは、現代のデモクラシーに存在する政治諸機関や制度と同じものを採用している。また、このシステムは、制限の無い平等な普通選挙制を採用している。すべての市民たちが、平等な被選挙権と投票権を保有しており、これらの政治的諸自由の公正な価値が保証されている。

だが、このシステムはまた、形式的には知者の熟議体である、知者の評議会を採用している。この知者の評議会の成員資格は、潜在的には社会のすべての成員に開かれている。市民たちは、社会科学や政治哲学に関する、確かな背景的知識を持っていることを証明するための、厳格なテストに合格してはじめて、評議会への参加が認められる。評議会への参加が認められるためには、なんらかの種類の性格審査が求められるかもしれない——たとえば、重罪人や（利益相反のある）政府職員は排除されるかもしれない（私は、実際には重罪人から選挙権を剥奪することを望んでおらず、ただ、これが知者の評議会のあり得るヴァリエーションであることを示唆しているに過ぎない）。

この知者の評議会は、法を制定する権限を持たない。この評議会は、誰も公職に任命することができず、いかなる指令や規制を発することもできない。しかし、法を無効化する権限は持っている。知者の評議会は、他の機関による政治的決定を挫くことはできるが、評議会自身が新しい決定を下すことはできない。政治活動を阻止することはできるが、始めることはできない。この評議会は、政治的決定が邪悪であるとか、有能ではない、あるいは、理にかなっていないという理由から、一般の選挙民やその代表者によって下された、いかなる（あるいは、ほとんどいかなる）政治的決定に対しても拒否権を発動することができる。たとえば、パラノイアに駆り立てられて選挙民が大統領を選んだと判断し、この決定に対して拒否権を発動させる権限が与えられるかもしれない。こうした場合、選挙をもう一度行うか、あるいは、選挙民やその代表者たちからのなんらかの新しい行動が必要となるだろう。ちょうど、陪審員が有能ではない、あるいは、悪意ある仕方で判決を下したと考えた裁判官が陪審裁判の評決を覆すことができるように、知者の評議会も民主的決定を覆すことができる。

〔評議会の〕詳細のつめ方には様々な可能性があり、その中には他よりも擁護可能なものがあるだろう。たとえば、このシステムは、ただ一つの評議会を採用することもあれば、政府の異なるレベルにおいて多数の評議会を採用することもあるかもしれない。このシステムは、何百万ものメンバーを抱える、巨大な評議会を採用するかもしれない。あるいは、小規模だが、有能性要件を満たしたすべての市民から、メンバーをランダムに選出するものもあり得る。評議会は定期的に会合を開くこともできるし、あるいは、なんらかの別の手段を通じて拒否権を行使することもできる。民主的な立法を覆すために、単純過半数または特別多数の投票を評議会は必要とするかもしれない。特別多数の決定をもって拒否権を覆すことが、民主的な機関に認められるかもしれないし、認められない可能性もある。

知者の拒否権を採用した普通選挙制では、ひどい停滞が発生する可能性がある。知者の評議会には、無能な仕方で制定された法やルール、悪しき決定に対して拒否権を発動することしかできない。この評議会は、無能な仕方で法が制定されることを防ぐことができる。だが、こうしたやり方で、有能な仕方で法が制定されることを保証することはできない。民主的な立法府が、知者の評議会に拒否権を発動されるような法を制定し続けるという形で、循環が発生することを知者の拒否権を採用した普通選挙制は認めている。この評議会は、一般の選挙民やその代表者たちが、法やルールを制定する際に有能な仕方で行為するように強制することはできないのである。

とはいっても、場合によっては、停滞は政治的意思決定の有能性を高めることができる。結局のところ、デモクラシーが無能である原因の一つは、性急な意思決定にある。マディソンに倣い、ウィーナーが論じたように、デモクラシーは、しばしばその場の勢いに流されて悪しき決定を下してしまう(14)。停滞は、意思決定を遅らせてくれる。停滞は、情念が鎮まり、冷静な思考が優勢となることを助けてくれる。第二章で言及したように、人々は行為バイアスに苛まされている——つまり、行動するために十分な情報を欠いている場合でも行動を起こす傾向性が存在する。この行為バイアスのため、デモクラシーには、あまりに少なくではなく、あまりに多くを行ってしまう傾向性がある。このために、少なくとも時々は、行き詰まりは全体の意思決定を改善することがあり得る。

エピストクラシーの支持者は、普通選挙制の下での中位投票者が、政治について誤った情報を持ち、非合理的であることを懸念している。この場合、普通選挙制の下では、誤った情報を持つ投票者に訴えかける候補者たちが勝利を収めることになる。だが、知者の拒否権を採用した普通選挙制の下では、勝利したすべての候補者を知者の評議会によるふるいにかけることが可能となるだろう。こうした評議会は、最悪の候補者に対して常に拒否権を発動しうるかもしれない。これは停滞を発生させるかもしれないが、一般の選挙民も、自己教育とより良い候補者を生み出すことを余儀なくされるかもしれない。知者の拒否権を採用した普通選挙制は、悪しき候補者を公職から排除することで、より有能な仕方で行われた立法やルールを生み出す可能性がある。いかなる立法に対しても拒否権を発動する権利を保持しているが、知者の評議会が四六時中立法を監視する必要はないかもしれない。このシステムの制度化には様々な方法があり、いくつかの方法は他の方法よりも上手く機能するだろう。

いくつかの点で、知者の拒否権を採用した普通選挙制の方が、制限選挙制を採用したエピストクラシーよりも上手く機能する可能性がある。複数投票制と制限付きの選挙体制は、「プロセスの初期段階」の解決である。これらは、参政権を制限することで有能性原理に従うことを試みる。知者の拒否権を採用した普通選挙制は、プロセスの初期段階と最終段階、両方の側面からの解決法である。知者の評議会は悪しき選挙に加えて、悪しき立法や規制、行政命令に対しても拒否権を発動することができるだろう。

知者の拒否権を採用した普通選挙制は、制限選挙制や複数投票型のエピストクラシーよりも、認識上の正統性を享受できるかもしれない。民主的に行われた決定に対して、知者の評議会が拒否権を発動させることに、人々は不快感を抱くかもしれない。だが、おそらく、一般の選挙民抜きで単独ですべての決定を下すことを知者の議会に認める方を、人々はより不快に思うだろう。知者の評議会を採用したデモクラシーは、おそらく完全なエピストクラシーよりも長期的には安定性があるだろう。ローペス＝ゲーラは、「参政権剥奪は、それが公正に反すると認識された場合には、不安定な情勢において対立を激化させる原因になり得る」と指摘している(15)。制限選挙を採用したエピストクラシーは、全員に選挙権を与えるわけではない。対照的に、知者の拒否権を採用した普通選挙制は、全員に選挙権を与えるが、かれらの権力に抑制を加えるのである。

知者の拒否権を採用した普通選挙制は実は民主的か

知者の拒否権を採用した普通選挙制は、正確に言えば、エピストクラシーの一形態ではないかもしれない。知者の拒否権を採用した普通選挙制は、ボーダーラインのケースに該当する。私はここで、知者の拒否権を採用した普通選挙制は、司法審査と同じ程度に非民主的であると論じたい。司法審査がデモクラシーと両立不可能と考えているデモクラシーの支持者も多く存在するが、大半のデモクラシーの支持者はそう考えてはいない(16)。大半のデモクラシーの支持者は、憲法に反した法や、市民の基本的な権利を侵害する法に対して拒否権を発動する権限を、なんらかの政治機関に付与することは認められると考えている。また、彼らは、裁判所で働くためには有能性要件を設けることが認められると考えている。アメリカの最高裁判所は、一種の知者の評議会である。

大半の人々は、デモクラシーは非民主的体制に変容することなく司法審査を制度化できる、と信じている。司法（あるいは司法審査の役割を担う機関であればなんであれ）は、政府の他部門とのチェック・アンド・バランスに加えて監視に服するため、リベラルたちはしばしば、司法審査は民主的でありリベラルな正統性と合致していると信じている。司法は、選挙民や政府の他部門の権力に拒否権を発動したり、挫いたりすることが可能である一方で、完全に独立しているわけではない。司法が保護する義務を負っている権利は、それがなにであれ、民主的に承認された憲法に謳われている内容に限定されるかもしれない。

デモクラシーの支持者の大半が、司法審査はデモクラシーと両立すると考えていることを考慮すると、司法審査に類似しているため、知者の拒否権もデモクラシーと両立しうるという考えも存在するかもしれない。

1. 司法審査を採用した普通選挙制はデモクラシーと両立可能である。
2. 司法審査においては、認知的にエリートである機関が、一般の選挙民を含めた他の機関の政治的決定に対して、拒否権を発動することが民主的に権威づけられている。
3. 知者の拒否権を採用した普通選挙制では、知者の評議会という認知的にエリートである機関が、一般の選挙民を含めた他の機関の政治的決定に対して、拒否権を発動することが民主的に権威づけられ得る。
4. したがって、知者の評議会と司法審査の間には、アナロジーが成立している。
5. さらに言えば、もし司法審査がデモクラシーと両立可能であれば、知者の評議会とも両立可能である。

6. そのようなわけで、知者の評議会はデモクラシーと両立可能である。

確かに、前提1はそれ自体が論争的である。司法審査は本性的に非民主的であり、したがって、正当化され得ないと考える哲学者や政治理論家は大勢存在する。[17] かれらが正しい可能性もある。ここでの私の主張の要点は、単に以下のようなものである。つまり、司法審査を民主的とみなすのならば、知者の拒否権も民主的であると見なすことが理にかなっていることになるかもしれない、ということだ。

注意してほしいのは、このアナロジーに基づく論証は、司法審査が正当化されるのと同じ理由で、知者の拒否権が正当化されると主張するものではないことだ。私は、司法審査を擁護する哲学者の議論が、知者の拒否権を受け入れる立場へのコミットメントを生むと主張しているわけではない。上記のアナロジーに基づく論証は、知者の拒否権は司法審査に非常に似ているので、司法審査がデモクラシーと両立可能であれば、知者の拒否権も両立可能であると主張しているに過ぎない。

前提2と3についてより詳しく検討してみよう。通常、司法審査の権限は、裁判所によって保持され行使される。裁判所は、認知的なエリートによる熟議機関であり、その成員は特別な資格を持っている。しばしば、裁判所には厳格な学歴要件がある――十分な法学教育を受けた市民のみに裁判所での職務に就く資格が与えられる。一般的に、裁判官は選挙で直接選ばれていない。もっとも、裁判官の資格は民主的に定められコントロールをされており、裁判官たちはたびたび代表制デモクラシーのプロセスを通じて任命されている。司法審査の権限を持つ裁判所は、選挙民を含めた他の機関の決定や権力を挫く、あるいは、凌駕する権力を保有している。一般的に、裁判所には民主的に定められた憲法上の必須事項を支持する義務が課せられている。たとえ明示的に挙げられていない権利に関しても、そうした権利を保護する義務さえ、裁判所には課せられていると言えるかもしれない。最後に、裁判所が選挙民やその代表者たちの決定に拒否権を発動した場合には、選挙民やその代表者たちは特別多数の決定をもって拒否権を覆すことが可能である（たとえば、アメリカでは、ある法が違憲であると裁判所が判断した場合、長い改正手続きを経て、特別多数の賛成で合衆国憲法を改正することができる）。

以上の司法審査についての記述は、知者の拒否権を採用した普通選挙制と類似している。私たちは、資格要件を明示化した、認知的なエリートによる熟議機関を採用する点以外は通常のデモクラシーを想像することができる。たとえば、能力試験にまず合格するという条件の下、知者の評議会を全市民に開放する（そして、潜在的には、何億人もの成員を抱え得るようにする）ことも可能かもしれない。あるいは、人物証明書や大学の学位、背景調査等のような追加の証明書を要求することもあり得る。知者の評議会の成員は、選挙で直接選ばれるものではないかもしれないが、民主的な監視に服している。デモクラシーは、知者の評議会に、選挙民自身を含めた他の機関の決定や権力を挫く、あるいは、覆す権力を与える（デモクラシーは、憲法中の権利章典に有能な政府への権利を謳うことさえできるかもしれない）。選挙民やその代表者たちが、十分大きな数の特別多数を集めることができるという条件の下で、評議会の拒否権を覆す権力を保持することも想像可能である。

知者の拒否権を採用した普通選挙制は、それ自体はエピストクラシーではないにもかかわらず、エピストクラシーの望ましい点を捉えているように思える。また、知者の拒否権を採用した普通選挙制は、デモクラシーの非合理性や無能さに対する抑制を行いつつも、デモクラシーの望ましい点の大部分を捉えるものとなっている。

疑似神託による統治

政治に関するあらゆる問題について、神官ピューティアは、誰よりも賢明で、とても熱意があり、博識であると想定しよう。事実、集団として全員が力を合わせても、彼女の方が賢明で、とても熱意があり、博識である。残りの人々がどんな投票あるいは熟議の手続きを使おうとも、彼女の方がより信頼をおける。そこで、以下の二つの選択肢があると想像してみよう。

A　なにをすべきかをピューティアに尋ね、それを実行する。

B　なにをすべきかについて自分たちで熟議や投票を行い、それを実行する。

ピューティアは全知ではなく間違うこともある。しかし、仮定によって、選択肢Aは選択肢Bよりも優れている。ピューティアと意見が分かれるときはいつでも、ピューティアの方が正しい確率が高い。概して私たちは彼女の意見に従うべきである。彼女と意見が分かれる場合、恐らく私たちの方が間違っている。もしピューティアに従わなければ、——彼女の言う通りにしなければ——、より信頼のおける決定手続きを信頼のおけないもので代用することになる。有害で不正な政策にたどり着く確率が高まるのである。もし私たちが自分たちの意見に固執するのならば、目下のケースは私たちが正しく彼女が間違っている特別なケースの一つなのだと考えるに足る優れた根拠がなくてはならない。

現実の世界では、このような神託は存在しない。しかし、もしこうした神託を作り上げることができたらどうだろうか。もっと具体的に言えば、もしこの神託をシミュレートすることができたらどうだろうか。

第二章と第七章で言及したように、アルトハウスのような社会科学者たちは、選挙民が十分な知識を有してさえいたならば、なにを選好していたかについて、推定が可能であることを示してきた。市民たちの基礎的で客観的な政治的知識を試験すると同時に、市民たちの政策選好や人口構成上の特徴を追跡する調査を実施することが可能である。いったんこの情報が手に入れば、選挙民の人口構成が変化しないとして、市民たちが客観的な政治的知識の試験で満点を取ることができる場合に、なにが起こり得るかについて、シミュレートすることができる。「我ら人民（We the People）」が十分に知識を有していたならばなにを望むかについて、強い自信をもって確定することができる。

移民を大幅に増加させるかどうかを問う国民投票を、アメリカで行ったと想定してみよう。移民の大幅な増加が良い考えかどうかを知るためには、膨大な量の社会科学の知識が必要となる。移民が、犯罪率や国内賃金、移民の福祉、経済成長、税収、福祉支出等にどのような影響を与える傾向があるかについて、知る必要がある。大半のアメリカ人は、こうした知識を持ち合わせていない。それどころか、第六章で言及したように、私たちの手元にある証拠によれば、彼らは体系的誤りに陥っているのである。

しかし、この移民問題について、見識ある選好手法を用いた国民投票を実施することができるかもしれない。〔見識ある選好手法の下では〕投票によって政策選好を表明することがすべての市民に認められている。市民が投票する際には、匿名化された彼らの人口構成上の情報について収集を行う。市民たちが意見を表明する際には、客観的な政治的知識や基本的な歴史、社会科学について、公的に承認された試験も受験しなければならない。こうしたデータは、あらゆるニュース・ソースや政策研究センターが分析できるように全て公開されるようになっている。それから私たちは――あらゆる社会科学者がチェック可能な、公的に使用可能なデータと方法に基づいて――、もし投票を行う公衆が完全な知識を有していたならばなにを望んでいたかをシミュレートすることができる。見識ある公衆が語ることがすべて実行に移される。

選挙結果の決定にも似たような方法を用いることができるだろう。様々な政党から様々な候補が立候補していると想定してみよう。市民たちに対して、匿名化された人口構成上の情報の提供と、基本的かつ客観的な政治的知識についての試験の受講を、求めることができる。次に、市民たちは、最も望ましい候補者から最も望ましくない候補者まで、候補者のランク付けを行う。このデータを用いて、公衆が完全な知識を得ていた場合、候補者をどのようにランク付けするかについて、確定することが可能である。最も高いランクを得た候補者たちが誰であれ当選することになる。

なにが有能性とみなされるのかをだれが決めるのか

エピストクラシーは、実際の専門性に応じた権力の配分を試みる。ほとんどどんな問題でも、客観的に見て、他の人々よりも有能な人々が存在する。アルバート・アインシュタインが平均的な人よりもよく物理学を理解していることや、私のかかりつけの配管工が配管について私よりもよく理解していること、あるいは、チョン[2]が私の母よりも政治心理学をよく理解していることなどは、単に意見の問題ではない。確かに、ハード・ケースも存在するが、多くの（あるいは恐らく大半の）比較は容易である。

多くのデモクラシーの支持者はこの事実に同意している。エストランドは、「適切な問題を民主的コントロールのもとから取り上げ、適切な専門家に委ねれば、より良い政治的決定が行われ、より多くの正義と繁栄がもたらされるだろう」と主張している(18)。上手く運営されているエピストクラシーは、おそらく、上手く運営されているデモクラシーよりもよく機能することを彼は受け入れており、また、一部の市民が他の人々よりも高い道徳的・政治的な専門性を持っていることに同意している(19)。エストランドは、一部の人々が他の人々よりも博識である事実を否定することは理にかなっていないとまで主張する。あらゆる人々が統治する能力において実は平等なのだ、などと信じることは理にかなっていないだろう。

もちろん、ここには問題がある。他の人々より多くの知識を有する者は誰なのか、また、専門家とは誰なのかについて、意見は分かれる。エストランドが訴えるように、「問題は、……どの問題についてどの専門家に頼るべきかを知ることである」。また、「そのような専門家として推薦された、いかなる特定の人物やグループも、……論争の的となるだろう」とも付け加えている[20]。

論争的であるという事実は、その問題について真実が存在しないことを意味しない。また、なにが真実であるのかわからないということでもない。一部の人たちには知識がある事柄——進化生物学、ミクロ経済学、モンティ・ホール問題——についても、人々は様々な異議を唱える。

問題は、現実の世界では、誰が有能かを決定する仕事を誰かの手に委ねなければならないことにある。仕事を委ねられた人が、誰が有能であるかを決定する能力に欠けていたり、悪意を持ってこの権力を運用したりするかもしれない。

現実の世界では、投票者資格試験の内容のコントロールをめぐって政治的な争いが生じるだろう。ちょうど、現在、選挙区を自覚に都合の良いように操作して当選を確実にしようとしているように、議員たちは、自分たちの利害関心のために、試験をコントロールしようとするかもしれない。アメリカでは、民主党には試験を簡単に、共和党には難しすぎない程度にやや試験を難しくするインセンティヴがある。ちょうど、現実の世界で民主的な手続きが濫用されるように、いかなる投票者資格試験であれ濫用されることは間違いない。問題は、そのシステムがどれほどひどく濫用されるかである。

私の主張が正しく、デモクラシーとエピストクラシーの間の選択は道具的なものであり手続き的なものではない、と想像してみよう。もしそうであるのならば、問題は以下のようになる。ある社会において、その社会で発生しうるあらゆる濫用と政府の失敗を考慮したエピストクラシーは、その社会で発生しうるあらゆる濫用と政府の失敗を考慮したデモクラシーよりも良い結果を生み出すだろうか。もし答えが「イエス」であれば、その社会に関して、私はエピストクラシーを支持する。もし、短所も含めてあらゆる面を考慮したエピストクラシーが、短所も含めてあらゆる面を考慮したデモクラシーよりもはるかに良い結果をもたらすのであれば、私たちはエピストクラシーを選択すべきである。エピストクラシーに欠点がないと私は論じていないし、論じる必要もないのである。

　エピストクラシーの短所が重要な論点となるので、たとえば、エストランドは、ジム・クロウ法が存在していた時代には、合格が殆ど不可能な識字テストを要求することで政府は黒人から投票権を奪ったと訴えている(21)。政府は、これらのテストにはエピストクラシー的な目的があると主張していたが、実際には人種差別的な目的しかなかった。これらのテストは悪意を持って実施された。テストは、合格することが不可能なように設計されており、白人には受験が求められていなかった。〔しかし〕政府がエピストクラシー的な装いの背後に人種差別を隠していたという事実は、エピストクラシー的な試験が本性的に異論を招くことを示しているわけではない。同様に、――名目上は無能な開業医から患者を保護するためのものである――医師免許が、人種差別的な方法で分配されていたことや、医師免許試験が人種差別的な仕方で実施されていたことが発覚したとしても、こうした事実は、医師免許交付が本性的に好ましくないものであることを証明するものではない。むしろ、そのような試験について問う必要があるのは、現在どの程度濫用される可能性があるか、そしてそのような濫用がどのような影響をもたらし得るか、である。

　有能性原理は、一種のスローガンとして述べることができる。権力――上手く使うか、さもなくば失う（*Power: use it well or lose it*）。政府がある問題について統治する能力を欠く傾向がある場合、政府はその問題を統治する権利を失う。私は、デモクラシーがあらゆる決定を下すのに無能であるとか、民主主義的な政府が行うすべての行動が無能であると主張しているわけではない。選挙民がある問題については有能であり、ある問題については無能であることを示す証拠が存在する。有能性原理は、後者の場合に民主的な意思決定を禁じるに過ぎない。

デモクラシー自身は、政治的有能性の性質を決定することに関して有能かもしれない。おそらく、市民たちは、政治的有能性について互いに競合しあう構想の中から選択を行うために十分な知識と合理性を備えている。民主的な意思決定それ自体が、なにが有能とみなされるのかを決定する公正で信頼のおける方法かもしれない。もしそうであるならば、政治的有能性の法的な構想を選択するために民主的な意思決定手法を使用し、この法的構想を使って、投票が認められるのは誰かを決定することができるかもしれない。大半のデモクラシーの支持者の観点からすると、これは陰鬱な結果に映るだろう。もし、こうした推測が事実と判明した場合、デモクラシーは、ある種のエピストクラシーを確立するために、民主的な手続きを使用することが認められる、あるいは、求められさえすることになるだろう。

平均的な市民であれば、有能性について理にかなっており、かつ具体的な理論を生み出すことができるだろう。大半の市民たちは、政治的有能性について妥当で理にかなった直観を持ち合わせている。良い陪審員と悪い陪審員、十分な知識を有する投票者と無知な投票者、有能な議員と無能な議員、有能な州検察官と無能な州検察官、両者の違いに関する理にかなった説明を、平均的な市民は与えることができる。もし、デモクラシーに対して、政治的有能性の法的定義を与えることで有能性原理の運用を試みるように要求するのならば、おそらく、非常に良好で理にかなった答え――つまり、受容可能な見解の範囲に収まる答え――をデモクラシーは与えてくれるだろう。なので、もし投票者資格試験をどのように設計するかを問題にしているのならば、なぜデモクラシーに決めさせないのか。

この議論の運びは奇妙に映るかもしれない。なにを有能とみなすのかを決定する能力が市民にあるのならば、この能力を頼りにしてなぜ良い候補者を選ぶことができないのか、と反論されるかもしれない。

この反論への答えは、市民にとって、有能な候補者を特定して投票することよりも、政治的有能性について具体的な見解を明確にすることの方がはるかに簡単だから、というものだ。たとえその理論を適用する能力を欠いていたとしても、政治的有能性について妥当な理論を生み出すことが、おそらく、平均的な市民には可能だろう[22]。ひどくバイアスに侵され、イデオロギー的に偏った投票者でさえも、良い候補者たる条件を説明することができる。投票者の非合理性や無知に関する経験的な文献によれば、投票者は、候補者に関して良くない基準を採用しているというよりも、これらの理にかなった基準を適用することが苦手なのである[23]。

これはなにも珍しいことではない。似たような仕方で、ほとんどの人は、良い恋愛相手の条件について素晴らしく具体的な説明をすることができる。私の八歳の息子に良い夫や妻の条件とはなにかを尋ねたところ、心理学のジャーナルで目にしたものに劣らないぐらい素晴らしい答えが返ってきた。良い、あるいは、悪いパートナーの基準を明確化することは簡単であるにもかかわらず、多くの人々は良好なパートナー関係を築くことに失敗し続けている。人間関係がうまくいかないのは、良いパートナーとはなにかについて理にかなっていない信念を持っているからではなく、パートナーに関する基準を実際の人間に適用するのが苦手だからである。

これは、投票者にも当てはまるように見える。投票者は、天候の責任が議員にはないことを知っている。しかし、投票者が実際に投票するとき、たとえ議員に責任がないと知っていても、悪天候の罰を現職の候補者に与える傾向がある。[24] 投票者は、政治家の力ではどうにもならない国際的な出来事について、政治家に責任がないことを知っている。しかし、投票者が実際に投票するとき、どうにもならない国際的な出来事について、現職の候補者に罰を与えるのである。[25] 投票者は、見た目の良い候補者が必ずしも良い候補者ではないことを知っているが、それでも見た目の良い候補者に投票する傾向がある。[26] また、投票者は汚職にまみれた嘘つきを大統領にすべきではないことを知っているが、しばしば、どの候補者が汚職にまみれた嘘つきであるかの判断に迷う。投票者が信頼できるのは、実際に良い候補者を選ぶよう求められたときよりも、良い候補者とはなにかについて尋ねられたときである。投票者は、基準を適用することよりも明確にすることに長けているのである。

有能性についての問いは簡単である。経済政策や外交政策についての問いの方が、はるかに難しい。こうした問いは、専門的な知識を必要とし、場合によっては学術的な訓練をも要求する。これまでの章で確認してきたように、市民たちはこの種の問題について体系的誤りに陥っている。なので、以下のように考える十分な理由が存在する。つまり、デモクラシーは、ある種の経済的・政治的政策については有能であり得ても決定を下す能力に欠けているが、なにを有能とみなすかを決定することについては有能であり得る。

政治的有能性の構想を選択するための民主的な方法には様々なものがある。立法府が有能性についての法的な構想の候補を提出し、それを国民投票にかけることもあり得る。あるいは、市民が有能性についての評議会を設立し、その評議会が有能性の法的定義を作成することも可能だろう。また、政府は討論型世論調査を活用するかもしれない。つまり、無作為に数百人の市民を選ぶのである。そして、この市民たちに対して、有能性の性質について熟議を行い、政治的有能性についての具体的な説明を作成するように求めることもあり得る。別の方法として、デモクラシーは、中世ヴェネツィアのドージェ（ヴェネツィアの終身指導者）を選出するシステムを模倣してもよいかもしれない。ヴェネツィアのシステムでは、抽選（くじ引きによる選出）と投票が交互に使用されていた[27]。

人口構成に基づく反論

第二章で述べたように、政治的知識は、すべての人口集団に均等に分散しているわけではない。平均すると、白人は黒人よりも、アメリカ北東部の人々は南部の人々よりも、男性は女性よりも、中年層の人々は若者や高齢者よりも、高所得者層は貧困層よりも、よく知っている。一般的には、すでに有利な人々の方が、不利な人々よりもはるかに多くの知識を持っている。少なくとも現時点では、貧しい黒人女性の大半は、ほどほどの難易度の投票者資格試験でも不合格になるだろう。

こうした事実から、いわゆるエピストクラシーに対する人口構成に基づく反論が導かれる。

いかなる現実的なエピストクラシー制度の下でも、既に有利なある集団に属する人々が、不利なある集団に属する人々よりも、多くの権力を獲得する可能性が高い。したがって、エピストクラシーでは、不利な人々よりも、有利な人々の利害関心に資するような不公平な政策が実施される可能性が高い。

これは強力な反論のように見える。この反論には一抹の真実が含まれていると私は思うが、一見して受ける印象ほど強力な反論ではない（また、ローペス＝ゲーラの参政権くじ引き制は，この反論を完全に回避していることにも注意せよ）。

第一に、デモクラシーにおいてさえも、ある集団は他の集団よりも恵まれており、政府はある利害関心を優遇していることに留意すべきである。ゆえに、人口構成に基づく反論を、次のような主張として理解すべきではない。つまり、現実の世界のエピストクラシーは完璧に正しい制度にはなれないだろう、という主張である――もちろん、現実世界のエピストクラシーは完璧に正しいものにはなれないだろう。そうではなく、人口構成に基づく反論は、少なくとも特定の利害関心を優遇するという点において、エピストクラシーはデモクラシーよりも悪いものになり得るという主張として理解すべきである。

とはいえ、この反論はいくつかの疑わしい前提に依拠している。はじめに、この反論は、投票者が自己利益のために、あるいは、自分が所属する集団がなんであれ、その集団の利害関心のために投票することを前提としているように思われる。しかし、第二章で既に述べたように、この前提は誤りである。大半の投票者は、国民の共通善とかれらが認識しているものに投票する。もし、ごく少数の市民――たとえば百人――しか投票できないのならば、市民たちは利己的な仕方で投票するだろう。しかし、エピストクラシー的なシステムにおいて、数千人以上の市民が投票権を持っている限り、彼らは向社会的《ソシオトロピカリー》な仕方で投票する可能性が高いという証拠がある(28)。

第二に、この反論は、不利な市民たちが――エピストクラシー的な体制においては権力が小さくなる市民たちが――、自分たちの利害関心を促進する仕方で投票する方法を知っていると想定している。第二章で述べたように、おそらく、この想定は誤りである。こうした投票者たちは、どのような結果が自分たちの利害関心に適うのかについては知っているかもしれない。だが、社会科学に関する膨大な知識を持っていない限り、そのような好ましい結果を生み出すような政治家や政策に対して、どのように投票すればよいのかを知っている可能性は低い。

ある集団の多数のメンバーが投票する限り、かれらの支持する政策がその集団の利害関心に適うような政策ではなくても、また、そうした集団に属する人々が、政治家がかれらを助けているのか、あるいは、傷つけているのかを評価するために必要な知識を欠いていても、政治家はかれらの利害関心に適うような政策を実施するだろうと主張する人もいるかもしれない。かりにこの主張が本当であれば、私は諸手を挙げてデモクラシーを支持したい――デモクラシーにおける無知が基本的に無害だということを意味するからだ。しかし、市民にとって良いものではなく、市民が望むものを与える傾向が、政治家にはある。

もしアメリカで、私が先ほど考案したような試験を投票者資格試験として今すぐに開始するとしたら、私の見立てでは、試験に合格するのは、白人で、上流中産階級以上に属しており、学歴があり、雇用されている男性に偏るだろう。ここでの問題は、私が人種差別主義者であるとか、性差別主義者であるとか、階級差別主義者であるとかいうことではない。もちろん、私が道徳的に申し分のない人間である証拠は十分存在するし、潜在的バイアステストによれば、平均的な人と比較して、多くの標準偏差の値が小さかった。むしろ問題は、不正義や社会問題が根底にあることである。こうした根底にある不正義や社会問題は、一部の集団が他の集団よりも博識である可能性を高めがちである。私の考えでは、全員が投票することに固執するよりも、根本的な不正義を修正す、る、べきである。症状を取り除くのではなく、病気を根治しよう。これまでの章で確認してきたように、情報量の少ない投票者と多い投票者では、こうした根本的な不正義にいかに対処すべきかを含め、政策に関する選好が体系的に異なっている。アメリカでは、白人の下位八〇％の投票者を投票から除外することこそが、貧しい黒人にとって必要なことかもしれない。

保守主義からのデモクラシー擁護について

デモクラシーよりもエピストクラシーを選ぶべきかどうかは、部分的には経験的な問題であり、私には完全な形で答えることはできない。投票者がいかに愚かに振舞うかを研究することはできる。この研究によって、エピストクラシーであれば実現できる可能性がある改善について、見定めることもできる。しかし、エピストクラシー的な施策が実際にどの程度機能するだろうかということについては、定かではない。エピストクラシーが普通選挙制を採用したデモクラシーよりも良い結果をもたらすだろうと考える十分な理由がある一方で、そうはならないのではないかと懸念する理由も存在する。

アナロジーとして、一七九〇年代半ばの時点で、デモクラシーを支持する論拠がどれほど弱かったかを考えてみてほしい。フランス革命は、明らかに不正な体制をより良い体制に変革するはずであった。しかし、その結果は惨たんたるものだった。フランス革命は、戦争、大規模な専制政治、混乱、大量処刑、そして最終的にナポレオンの台頭を招くこととなった。ルイ十六世の治世は不正で無力なものであったが、フランス人はそれをなにかより良いものに変えようとするよりも、耐え忍んだ方が良かったかもしれない。

イギリスの政治家エドマンド・バークは、フランス革命のなにが間違っていたのかについて考察した一連の手紙を残している。彼が懸念したのは、人々は不完全であり、私たちが望むことができる正義の実現には限界が存在するということだった。彼が訴えていたのは、人間は社会を一から作り直せるほど賢くはないということだ。バークは、哲学的な考察では不正であるように見える多くの制度や慣行が、実は有用な目的に貢献していることを、フランス革命の失敗が示していると考えた。その目的は私たちには見えないものであり、私たちは制度を破壊して初めて、制度の目的を発見する。だが、その時にはもう手遅れである。社会や文明は脆い。社会は理性によってではなく、むしろ不合理な信念や迷信によって維持されており、その中には権威や愛国心に対する不合理な信念も含まれている。

このような考え方は、現在、しばしばバーク的保守主義と呼ばれている。その基本的な考え方は、既存の制度に根本的な変化を加える場合、我々は極めて慎重でなければならない、というものである。

社会は複雑であり――私たちの単純な理論で対処できる以上に複雑である――、物事を修正しようとする私たちの試みは、頻繁に意図せざる悪い結果を生む。既存の社会制度を支持する推定が存在する。これらの制度は一見不正に見えるかもしれないが、少なくとも、現在のように上手く機能してきた歴史がある。さらに、既存の法制度や政治制度は、何世代にもわたって進化してきたものである――事実上、適応を経たものである。ちょうど、生態系への干渉が慎重であるべきと同じく、バーク的保守主義は、既存の政治制度を置き換えることには慎重であるべきだと考える。新しい統治形態を実験することは危険である。

フランス革命に対するバークの懸念は健全であるように思われる。一七九三年末の時点で、理性的な人であれば、王政に代わってなんらかの民主的な共和制を導入することは愚策であると、恐らく結論づけただろう。新生アメリカに住む旧イギリス植民地の人々は、イギリスの支配下にあった時と比較して、明らかに良い生活をしていたわけではなかった。また、フランスの共和制は悪夢のようなものであった。とはいえども、それから二百年以上の間に、私たちはほとんどの君主制をデモクラシーに置きかえ、全体的にデモクラシーは良い方向に進んできた。同じようなことがエピストクラシーにも当てはまるかもしれない。あるいは、そうではないかもしれない。

バークは、社会を一挙に一から作り直すことに不安を感じていた。しかし、あちこちで小さな改善を試みることには反対ではなかった。バークには、小規模な実験を好む傾向があったのだろう。

結果について確信は持てないものの、結果がポジティブなものになると予想できる理由があるので、最初は比較的小さな規模で投票者試験システムを実験するのがいいかもしれない。たとえば、最初に、アメリカのひとつの州でこのシステムを試すのが最も良いだろう。ルイジアナ州のような腐敗した州と比べて、ニューハンプシャー州のような比較的腐敗していない州から、実験を始めるのが望ましい。この実験が成功すれば、実験規模を拡大することが可能になるだろう。

同様に、二、三百年前には、私たちにはデモクラシーの経験がほとんどなかったことを、思い出してみてほしい。一部の人々は、君主制よりもデモクラシーの方が、より優れかつ正しい結果を生む傾向があると信じていた。かれらは、これを理由の一端として、デモクラシーを擁護した。一方で、デモクラシーの方がより腐敗したものになる、あるいは、混乱に陥るのではないかと懸念する人々もいた。デモクラシーの経験の不在を踏まえると、デモクラシーの支持者は、比較的小さな規模でデモクラシーの実験を行い、実験が成功した場合にのみ、実験規模の拡大を支持することが理にかなっていたであろう。

現在私たちが実践しているデモクラシーは不正である。私たちは、無実の人々を高いリスクに晒している。というのも、私たちは、無知で、誤った情報を持ち、非合理で、バイアスがかかっており、時には不道徳な意思決定者の手に、かれらの運命を委ねているからである。エピストクラシーは、この問題を解決できるかもしれない。もしエピストクラシーの方が上手く機能するのならば、デモクラシーの代わりにエピストクラシーを採用すべきである。

しかし、エピストクラシーは、上手く機能しないかもしれない。あるいは、エピストクラシーへの移行を試みることは、コストがかかりすぎたり、あまりにも危険であったりするかもしれない——私たちは、デモクラシーからエピストクラシーに移行することができないのである。そうした場合、結局のところ、デモクラシーの最良の擁護論は、バーク的保守主義となる。デモクラシーは完全に正しい社会システムではないが、デモクラシーをなにか他のものに置きかえようと試みることは、あまりにもリスクが高く、危険である(29)。

バーク的保守主義は、私たちに慎重であれと説くが、私たちはバーク的保守主義に対しても慎重でなければならない。バーク的保守主義は、物事を良くしようとする試みが物事を悪化させるかもしれないと、警告している。確かに、世界は複雑で、私たちの実験は思わぬ失敗に終わるかもしれない。しかし、いかなる変化の提案に対しても、この種の推論を繰り返すことが可能なのである。

注

(1) Kavka 1995 を参照。
(2) エピストクラシーの支持者は、ロバート・グッディン（Goodin 2008）が提案する改良案の大半を支持するかもしれない。
(3) Christiano 2006.
(4) 私が思うに、機能する可能性が高いよりラディカルな提案は、情報市場を用いた統治だろう。Hanson 2013 を参照。
(5) Christiano 2008, 104（強調は〔ブレナンが〕付け加えた）.
(6) Cohen 2009; Levy 2013; Schmidtz, forthcoming〔本書の刊行後二〇一八年に出版されている〕; Estlund, forthcoming〔本書の刊行後二〇一九年に出版されている〕.
(7) Brennan 2011b.
(8) Ibid., 87 を参照。
(9) Saunders 2010, 72.
(10) López-Guerra 2014, 4.
(11) Ibid., 26.
(12) Ibid., 41.

（13）Ibid., 41–42.
（14）Wiener 2012.
（15）Lopéz-Guerra 2011.
（16）たとえば、Gaus 1996, 279–88; Rawls 1996, 165, 216, 233, 240, 339〔邦訳二〇〇、二六一、二八二、二九〇、四〇〇頁〕; Michelman 2002; Brettschneider 2007; Christiano 2008, 257–58, 278–86 を参照。
（17）具体例として、Waldron 2006, 1346 を参照。
（18）Estlund 2007, 262.
（19）デモクラシーの支持者には、普遍的な公教育を支持する傾向がある。こうした傾向が存在する理由の一端として、市民たちを政治参加に備えさせるためには公教育が必要になると、デモクラシーの支持者たちが考えている点にも注意せよ。通常、デモクラシーの支持者もまた、市民らが、衝動的な感情ではなく、理由に基づいた討論と熟議の末に決断を下すことを支持している。したがって、大半のデモクラシーの支持者は、一部の市民は他の市民よりも優れた道徳的・政治的知識を持っているという見解に、すでにコミットしている。結局のところ、私たちの中には優れた政治教育を受け、それを身につけている人もいれば、そうでない人もいる。また、私たちの中には、理由に基づいた討論と熟議に参加してきた人もいれば、そうでない人もいる。デモクラシー理論家たちの熟議や教育へのコミットメントを考慮すると、すべての成人市民がすでに政治的に有能であると、デモクラシー理論家たちが主張することは困難だろう。
（20）Ibid., 262, 36.
（21）Ibid., 215.
（22）Ehrlinger et al. 2008; Dunning et al. 2003; Kruger and Dunning 1999, 2002 を参照。
（23）投票者たちには、彼らが国民の共通善と国家の繁栄を促進すると信じる候補者に投票する傾向があると、Caplan（2007a）は主張している。しかし、この基準に沿って候補者を評価することに関して、投票者たちは非合理的である。投票者たちは、候補者を選択することについて正しい基準を持っているが、こうした基準を適用することについては散々である。
（24）Healy and Malhotra 2010.
（25）Leigh 2009.
（26）Todorov et al. 2005; Ballew and Todorov 2007; Lenz and Lawson 2008.
（27）Dahl 1994, 14–16 を参照。このヴェネツィアのシステムは、まず、すべての成人市民の中から五百人の市民を無作為に選ぶことから始まる。二回目のくじ引きで、この五百人をさらに百人に絞る。この無作為に選ばれた百人の市民は、元々の五百人の中から、将来的に選挙人を務めて欲しいと思う、他の百人の市民のリストを作成する。選挙人の候補者リストに載るためには、各選挙人は、先に選ばれた百人の市民から六十六票の賛成票を得なければならない。そして、百人の選挙人候補者は、くじ引きで二十五人に絞られる。この二十五人の選挙人は、元々の五百人の中から、政治的有能性の法的な定義を確定する責任を負うことになる評議会で勤務してほしいと思う、他の百人の市民のリストを作成する。この百人の市民はそれぞれ、二十五票中十八票を獲得する必要がある。最後に、選ばれた百人の評議員候補者は、無作為に二十一人の実際の評議員に絞られる。

(28) Feddersen, Gailmard, and Sandroni 2009.

(29) この種の議論の良い例として、Knight and Johnson 2011 を参照。ジャック・ナイトとジェームズ・ジョンソンは、自分たちの議論を「プラグマティズム的（pragmatic）」と呼んでいる。実際その通りだが、究極的には彼らの議論はバーク的保守主義に基づいている。

訳注

［1］ 高校生に大学初級レベルの授業を提供する早期履修プログラムのこと。

［2］ 第二章で言及した政治心理学者のデニス・チョンのこと。

第九章　公の敵同士

市民仲間のほとんど、いや世界中のほとんどの人が、赤の他人にすぎない。私が彼らのことを個人として大きく気にかける、といったことはないかもしれない。しかし、市民社会や市場経済において彼らが果たす役割を顧みると、彼らのおかげで私の暮らしが良くなっていることがわかる。どこにでもいるタイプの人が、市民社会もしくは市場での役割に鑑みて、私の人生に与える影響は小さいが、その影響はプラスだ。そういう人がいる方がいないときよりも良い暮らしができる。

残念ながら、政治はそうした状況を〔よからぬ方向に〕変える傾向がある。政治は、お互いを尊重し、敬意を示すという理想を脅かすのだ。

私たちは政治によって互いを敵とみなしてしまう

ときに政治哲学者は、政治を協働によって友情が成立する領域として説明する。[1] ときに哲学者は、理想的な哲学の論争のように政治の言説をイメージしてしまう。「よし、それでは、これから一緒に正義が何を求めるのかについて考えてみましょう。……うん、なるほど、君の方が良い議論をしていることを認めます。私の間違いを訂正してくれてありがとう。あなたのやり方で進めましょう。」と。だが、実際の政治の世界ではそうしたことは、これまでほとんど起こらなかった（哲学の議論でも同じだ）。私たちは政治によって、そうすべきでないときでさえ、互いに憎しみ合うようになる。世界を善い人間と悪い人間に分けるようになる。そして、政治的論争を理に適った論争としてみなさないようになる。すなわち、私たちが共有する目的をどのようにベストな方法で達成するのかについての理に適った論争としてではなく、光と闇の勢力の戦いとして政治的論争をみようとするのだ。

主流派の政治的議論がかなりヒートアップして悲劇的な帰結を招くのは、その内容がほとんど論争的なものでないことをふまえると、実に奇妙なことだ。共和党支持者も民主党支持者も、多くのことで意見が一致しない。しかし、ありうる政治的見解の論理空間＝宇宙（space）の中では、彼らは同じ太陽系にいるだけでなく同じ惑星上にいる。両陣営とも、正義にかんする本質的な問題をめぐって論争を繰り広げておらず、むしろ共に受け入れる社会の細部をめぐって、うわべだけの論争を繰り広げているにすぎない。両陣営ともカムリを買うことには同意しているが、それをスポーツ仕様にするかそれともハイブリッド車にするかで議論しているにすぎない。

両陣営の論争はちっぽけなものだ。〔たとえば、〕所得税の最高限界税率を三％上げるべきか。最低賃金を現状のままにするか、それとも時給を三ドル上げるべきか。教育に一兆ドル払うべきか、それとも一・二兆ドル払うべきか。雇用者に〔従業員が購入する〕避妊用品のための支払いを求めるべきか、それとも原理主義者が所有する非上場の同族企業で働く女性に、毎月一〇～五〇ドルのポケットマネーからの支払いを求めるべきか、などだ。

　政治的部族主義が行き過ぎていて、政治以外の行動をだめなものにしている。その点を明らかにするために、政治学者であるシャント・アイエンガーとショーン・ウェストウッドの研究を検討しよう。アイエンガーとウェストウッドは、政治的バイアスが〔民間の〕仕事の求職者についての評価に与える影響があるとしても、それがどの程度かを明らかにしようとした。彼らは、一〇〇〇人超の被験者に対し、次の実験を行った。それは、高卒生の履歴書だと聞かされたものを評価してもらう、というものだ。アイエンガーとウェストウッドは、二種類の評価のベースとなる履歴書、すなわち、一方が他方よりも明らかにずっと優れた履歴書を慎重に作成した。そして、求職者にランダムに「共和党支持者」と「民主党支持者」というラベルを貼り、求職者をランダムに優秀な者かそうではない者として設定した。それと同時に、被験者――候補者を評価する人――が共和党の熱心な支持者かそれともそれほど熱心でない支持者か、政治的に中立か、もしくは民主党の熱心な支持者かそれほど熱心でない支持者かを見定めた。

　アイエンガーとウェストウッドはこの実験によって、以下の疑問に答えることができた。共和党支持の評価者は共和党支持の求職者に、同じ程度に適任の民主党支持の求職者よりも、もし評価が違うとしたらどの程度、よりポジティヴな評価をするだろうか。また、民主党支持の評価者がやや適性に欠く民主党支持の求職者と、それより適任の共和党支持の求職者のいずれかから選ばなければならない場合、どちらを選ぶだろうか。思い起こしてほしいのは、被験者は政治家を選ぼうとはしていないことだ。被験者は投票をしているわけではない。ただ、どちらの求職者が民間の仕事により適任かについて質問されているのだ。

実験の結果は暗澹たるものだ。民主党支持の被験者の八〇・四%が民主党支持の求職者を選び、共和党支持の被験者の六九・二%が共和党支持の求職者を選んだ。明らかに共和党支持の候補者の方が優秀なときでさえ、民主党支持の被験者は依然として、七〇%の割合で民主党支持の求職者を選んだのだ。対照的に、「候補者が適任かどうかは、選ばれるかどうかに有意な影響を与えない」ことがわかった(2)。言いかえれば、評価者は候補者がいかに適任かについては気にしていなかったのだ。唯一気にしていたのは、求職者の政治的態度であった。

これは無責任で堕落した振る舞いである。だが、フーリガンに対し予期しうる類の行動ではある。政治によって、状況は悪化するのだ。

評価者はなぜこうも露骨に、偏見に苛まれるのか。おそらくそれは、信頼と関係している。実験経済学者たちは、他人を信頼し互いの行為に報いる人々の振る舞いにいかなる要因が影響を与えるのかをテストするために、信頼ゲームと呼ばれるものを用いる。ゲームの最初に実験者が、贈与者と呼ばれるプレイヤー1に一〇ドルを配る。贈与者は自分のためにそのお金を全部キープしておくか、それとも受取人であるプレイヤー2に好きなだけ渡すかのいずれかを選ぶ。贈与者がプレイヤー2に渡す額はいかなる場合でも、三倍になる。たとえば、贈与者が五ドル渡せば、受取人は一五ドル受け取る。受取人は自分に渡されたお金をすべて自分の懐にキープするか、それとも贈与者に戻したい分のお金を返すかのいずれかを選ぶ。もし二人が完全に信頼し、信頼に値するプレイヤーが一緒にゲームをしていれば、贈与者は一〇ドルすべてを受取人に渡し、受取人はその半分（一五ドル）を贈与者に返すだろう。

　アイエンガーとウェストウッドが発見したのは、信頼ゲームにおいて政治的属性の違いが相互の信頼を傷つけるということだ。ある実験では、民主党支持の贈与者が、共和党支持の受取人に対し、受取人が民主党支持者の場合よりも一三%ほど低い額を渡すことがわかった。共和党支持の贈与者は、民主党支持の受取人に対し、受取人が共和党支持の場合よりも五%ほど低い額を渡す〔こともわかった〕。これらは大した金額の差ではないように思われるかもしれない。しかし、アイエンガーとウェストウッドが同種の実験をして発見したのは、信頼に対し人種的な違いが与える影響はまったくなかった、ということだ。つまり、白人も黒人も、同じ人種の人間と違う人種の人間に対する信頼は変わらなかったのだ[3]。それゆえ、アイエンガーとウェストウッドの実験は、政治的態度は人種よりも分断の種となる証拠だとみなしうる。それも、政治的態度の不一致に起因する相互蔑視を抑える意欲にしても能力にしても、人種的バイアスを抑える意欲や能力よりも低い、という証拠である。

　これらの効果量が小さいと思われたら、信頼ゲームが各プレイヤーに対し、彼らが偏見をもってしまうことでペナルティを課すデザインになっていることを思い起こしてほしい。ここでは実際にプレイヤーの損得がかかっているのである。贈与者が受取人に対する信頼を低く見積もれば、自身には少ないお金しか入らない。それゆえ信頼ゲームでは、実際の生活よりも偏見をあまりもたなくなると期待しうるはずである。

　ところが、投票ブースでも民主的フォーラムでも、投票者にそうした偏見をもってしまうことへのペナルティは課されない。個人の投票は重要でないし、他人を嫌うことは楽しいので、投票者にはあらゆる場面で自陣営の偏見を表明するかたちで投票するインセンティヴがあるのだ(4)。信頼ゲームでは、共和党支持者への信頼を低く見積もればお金を失う。投票ブースでは、歪んだ空想にふけることは簡単だ。たとえば、共和党支持者は女性のことが嫌いなので合法的な妊娠中絶に反対する、とか、民主党支持者はアメリカに嫌悪感をもっているから国旗を燃やすことを容認する、とかである。

以上の研究にかんする最近のコメンタリーで、法理論家のキャス・サンスティーンが注目するのは、一九六〇年では共和党支持者と民主党支持者の約四%から五%のみが、自分の子供が違う政党の支持者と結婚したら「うれしくない」と答えたことである。いまや、それぞれの支持者の約四九%と三三%が「うれしくない」と答えている(5)。サンスティーンは、いまや「党派差別主義（partyism）」——異なる政党を支持する人たちへの偏見——が、あからさまな人種差別主義よりも一般的だと述べている。実際のところ、「表立っていない」党派差別主義もまた、表立っていない人種差別主義よりも強固にみえる(6)（おそらくこのことは、政党が過去と比べていまの方が極化していることの帰結でもある）。

こうした調査結果には、げんなりさせられる。共有された道徳的価値の実現の仕方や、道徳や正義がまさに何を求めるかについて正直にかつ誠実に議論する人も、もちろんいないわけではない。私たちはお互いを敵だとみなさずに、そうした議論を続けるべきだ。むろん、道徳的見解の不一致の中には常軌を逸したものもある。もしユダヤ人の大量虐殺を支持する者がいたら、それはろくでもない人とみなされてしかるべきだ。しかし、最低賃金制度が良い結果を上回る害をもたらすかどうかについての意見の不一致は、相互不信の根拠にはならない〔はずだ〕。

私たちは政治的議論における論争相手を、端的に自分とは違うが理に適った見解を有する者とみなすよりも、愚かで邪悪だとみなすバイアスに苛まれている。すべてを考慮に入れて考えると、そのことは政治にかかわらないことの方が良いことを意味する。もし人々に市民仲間を、お互いにとって有益な協働の企てにかかわる人として、敵ではなく友としてみなしてもらいたいのであれば、可能なかぎり政治への関与を避けようとするべきだ。

政治が私たちを真の敵にする二つの方法

政治の問題は、上で述べたよりもずっと根深い。政治は私たちがお互いを敵同士とみなすべきでないときに、敵同士とみなすよう仕向けるだけでない。それどころか、政治は私たちを正真正銘の敵対関係に置く。政治によって私たちはお互い、真の敵になるのだ。実際、民主政治の構造によって、政治にアクティヴな市民仲間のほとんどを――後で議論するように、政治的信念を共有する市民のほとんどをも――憎む理由が生まれる。合衆国大統領選挙日に私の隣人が投票すると、その隣人は私の敵になり、私はその隣人の敵になるのだ。

一般的定義に従えば、敵とは私を憎む人であり、私の不幸をはっきりと願う人であり、また、私に害が及ぶようにあえて行動する人のことである。政治に参加する人々の中で、この意味で私の敵と認定されるのはごく少数でしかない。第二章でみたように、ほとんどの投票者は国益になると考えるものに投票する。ほとんどの投票者は世のためになることを真に願って、事態が市民仲間にとってよくなるよう、〔せめて〕悪いものにならないように投票していると真摯に考えている。投票者の動機は純粋で善意から成ると思われる。市民仲間のうち一部の者が、私や私と似た人間に害が及ぶように政治的プロセスを使おうと考えている。だが、ほとんどの人はそんなことを考えてはいない。ほとんどの人は私が自分たちとは反対の見方をとることを嫌がるかもしれないが、私に害が及ぶと確信して投票することはしない。

　だが、政治が私たちを敵にしてしまうということには二つの意味がある。第一に、政治は私たちを状況づけられた敵（situated enemies）と呼ぶものにする傾向がある。政治は勝者と敗者を生むゼロサムゲームである。政治は敵同士を創り出してしまう。すなわち、互いを憎む内在的理由がないのに、お互いを敵対させ、互いの利益を侵す根拠を与えてしまうのだ。第二の意味は、市民仲間のほとんどが自らを私に害を加えたいと願う者としてみなさないにしても、実のところ私に害を加えることを欲してしまっている、ということだ。たとえ市民仲間が世のためになることをしたいと思うとしても、実際に私の子どもや私に害を及ぼすような事を行うことを欲してしまっている。政治的意思決定は危険な賭けである。しかし、実際の世界で政治にかかわる人のほとんどは、十分な配慮と能力をもって政治的意思決定をしない。彼らは私に害が及ぶリスクを大きくしてしまうのだ。私の子どもや私に害をもたらしかねないような、不用意に飲酒運転をする者を嫌悪する理由が私にはあるように、市民仲間が政治にかかわるときは常に彼らを憎む理由が私にはあるのだ。以上について、いまから論じる。

状況づけられた敵

たとえ私たちにお互いを憎む内在的理由がなくても、互いに敵同士になるシナリオが存在する。

哲学者トマス・ホッブズが『リヴァイアサン』で描いた「自然状態」について考えてみよう。自然状態とは、人間が社会と文明の外で生きる仮想シナリオのことである。ホッブズは、自然状態では契約の履行を求めたり、略奪を抑えたりするメカニズムを欠くがゆえに、人々はお互いを信頼しないだろうと論じる。基本的なレベルの相互信頼さえもない自然状態では、万人の万人に対する闘争状態に陥ると主張する。ホッブズはこうした条件下では、生活は「孤独で、貧しく、険悪で、残忍で、しかも短い」[7]と結論づける。私たちは望ましい状況では平和的だったり友人同士になるのに、自然状態では敵同士になる、とホッブズは考えるのだ。

あるいは、あなたと私がともに、古代ローマの死刑囚だと想定しよう。どちらも道徳的に間違ったことはしていない。むしろ、罪になるはずのないことで有罪判決を受けたと想像して欲しい。つまり、私は奴隷主から奴隷が逃げることを手助けしたという理由で、あなたは神ユピテルへの崇拝を拒んだという理由で、それぞれ有罪判決を受けたとしよう。常に血に飢えた残忍なローマ人は、闘技場にて私たちを決闘させる。

棍棒を手に取ったら、私たちは敵同士になる。私にはもとから、あなたと敵対する気はない。闘技場の外では、あなたに好意を寄せていることさえありうる。友達もしくはパートナーでさえありうる。

だが闘技場の中では、戦いを強いられるのだ。勝つのはあなたか私かだ。互いに相手の死を望んでいる。あなたは、状況づけられた敵（と呼ばれるもの）になる。すなわち、あなたは私が敵対し攻撃する理由がある存在になるのだ。その理由とは、あなたが何者だからとか、何をしたからとかいったものではなく、ただ私たちの置かれた状況が私たちを互いに対峙するようけしかけているから、というものでしかない。

これらの各シナリオで表されている問題は、自ら望んでいないのに一か八かのゼロサムゲームに追い込まれる点にある。経済学においてゼロサムゲームとは、ある人が他の人が敗れた場合に限り、他の人が負けた分だけ勝利することができる、という状況ないし相互作用のことである。

たとえばポーカーは、馴染みのあるゼロサムゲームである。ポーカーのテーブルに着いている自分以外のプレイヤーが負けた場合、そしてその分だけ、自分はお金がもらえる。だがポーカーは、政治よりもはるかにましなゼロサムゲームである。私はポーカーで遊ぶときはいつも、強制的に参加させられることはなく、自ら望んで参加する。ギャンブルで遊ぶことを選んだのだから、仮にゲームに敗れて散財しても、他のプレイヤーに腹を立てることはない。

政治的意思決定の場合は強制参加であって、自ら望んでのものではない。ポーカーで遊ばないことを選べる一方で、アメリカ国家安全保障局に予算を出さないことや、イラク侵攻やシリアへの空爆、大麻使用の犯罪化にお金を出さないことは選べない。私は、現大統領が誰であろうと、本書を読んでいるときの大統領が誰であろうと、大統領であって欲しいとは思わない。しかし、端的に彼らを大統領にしないという選択はできない。少なくとも私の家族を追い立てることや、大きな個人的犠牲を払って国を離れるといったことなくして、そうした選択はできない。

以下の何節かにわたって、民主的な政治的意思決定プロセスが有する以下の特徴によって、私たちが状況づけられた敵となる傾向について論じる。

・政治的意思決定は、限られた選択肢集合からなされる。政治においては通常、一握りの実行可能な選択肢のみが存在する。
・政治的意思決定は、独占的になされる。すなわち、すべての人が同じ決定を受け入れなければならない。
・政治的意思決定は、暴力を伴うかたちで有無も言わさず課される。

政治的意思決定は限られた選択肢集合からなされ、独占的に、かつ暴力を伴うかたちで強いられることから、政治的意思決定のプロセスは決闘のシステムになってしまいがちなのだ。

政治的選択は制限され、かつ独占的になされる

あなたはいま、新しいセダンを買おうとしているとしよう。アメリカ合衆国では、三〇〇種類以上の新しいモデルから選べるセダンがある。価格は下が一万二〇〇〇ドル、上は四〇万ドルを優に超えるものまである。セダンが欲しい人が全員、同じものが欲しいわけではない。私にとってパワーやハ

ンドリングは重要だが、私の双子の兄にとっては重要ではない。私の兄が欲しいのは、A地点からB地点までたどり着くための最も安い手段だ。

となると、最高のセダンとは何か。それに対する本当の答えなど存在しない。なぜなら、それぞれの人にとって良いセダンと悪いセダンがあるだけだからだ。ある人にとっては、BMW3シリーズがベストだろう。別の人にとっては、マツダ3がベストかもしれない。みすぼらしい日産ヴァーサがベストだという人もいるだろう。どんな人にも唯一無二の最高のセダンはあるかもしれないが、私たち全員にとって最高のセダンなど存在しないのだ。

最高のセダンとは何かを聞く代わりに、最善の社会とは何か、最善の制度や法とは何か、最善のリーダーとは誰かを尋ねたとしたらどうだろうか。こうした問いに対し、すべての人々にとって唯一無二のベストな答えはある、と考える理由など存在するだろうか。

投票する際の選択肢は、ファミリー仕様のセダンについて三〇〇もの選択肢があるような仕方で与えられているわけではない。ほとんどのデモクラシーでは、一握りの選択肢しか与えられていない。アメリカ合衆国では二つだけだ（このことは、アメリカ政治の偶然的な特徴ではない。むしろ、私たちが採用するタイプの投票システムによって、第三党が存在しえなくなっているのだ）[8]。

問題は、選択肢が制限されているというだけでない。〔そもそも〕選択肢がダメなのだ。これまでの章で論じたように、民主的政府が行うことのすべて、あるいはそのほとんどが有権者の集合的選好の端的な結果というわけではない。それでも選挙民は、選挙において結局のところ勝者を選んでいる。さらに、投票できる候補者の質は有権者の質に大いに依存する。とくにこれまでの章でみてきたように、有権者の質が低いからこそ、デモクラシーでは質の低い候補者が出てくるとみるべきなのだ[9]。いかなる主要な選挙においても、民主的コミュニティが選挙の前に二人か三人の最善の候補者が誰かを決め、そのあと、そのエリート連中から最善の候補者を選ぶと考えられる理由はほとんどない。むしろ、これまでの章でみてきたように、有権者に十分な情報が与えられれば、有権者は異なる政策選好をもち、ゆえに異なる候補者を選好する可能性が高い。

この文章の草稿を書いた日にアメリカで最も売れたアルバムは、シーアの『1000 Forms of Fear』であった。私にとってシーアの音楽は、単調でいらいらさせられるものだ。私は、プログレッシブ・メタルバンドのオーペスの方がずっと好きだ。だが、シーアの人気によっては、私の人生は良くも悪くもならない。私は単に、彼女の音楽を聴かないと決めればよい。実のところ、私はこの段落を書くまで彼女を知らなかったし、彼女の音楽もまったく耳にしたことはなかった。〔彼女の音楽を聴くために〕ビルボード二〇〇のベストセラーを調べなければならなかったし、この見解を示すためにiTunesで彼女の曲を聴かなければならなかった〔ほどだ〕。

もう一つ、別の事例をみてみよう。ピザハットは、アメリカで最も人気があるピザチェーンだ。私はピザハットのピザはまずいと思う。私は食べ物にうるさくはないが、ピッツェリア・オルソの薪オーブンで作ったナポリピザの方がずっと好きだ。だが、ピザハットが人気でも、私にほとんど影響を与えない[10]。私はもうピザハットで食べることはない。

これまでと違って、何を食べるか、何を聴くかを、民主的投票によって決めることを想像して欲しい。私たちは、みんなのために一つのピザ屋、もしくは一つの音楽の演奏者を選ばなければならない。

〔となると、〕ドミノピザ対ピザハットの戦いになり、ピッツェリア・オルソは選択肢から外れる。〔また、〕ジャスティン・ビーバー対シーアの戦いになり、オーペスは選択肢から外れる。もしこのように市場で決まるものを政治的意思決定に委ねたら、おそらく私たちは、みなピザハットのピザを食べなければならないし、シーアの音楽を聴かなければならないと決めることになる。

政治コメンテーターのアーロン・ロス・パウエルとトレヴァー・バーラスは、〔右に見たような仕方で〕決定を民主政治に委ねることがなぜ争いを生むのかについて以下の通り説明する。

政治は連続する可能性を、少数の具体的な結果、それもしばしば二つの結果だけから成るグループに分ける。こっちの人間が選ばれるか、あっちの人間が選ばれるか、与えられた政策が法律になるのかならないのか、といった具合にだ。その結果、政治的選択は、その選択に最も影響を受ける人々にとって一大事となる。選挙での敗退は、可能性の喪失である。こうした白黒はっきりさせる選択は、政治がたびたび、以前にはなかった問題をつくり出してしまうことを意味する。たとえばコミュニティとして、国として、創造・進化のどちらを子どもたちに教えるのか、といった問題である。(11)

この点について、哲学者のデイヴィッド・シュミッツとクリストファー・フライマンは次のように述べる。

政治的に監視される事柄が少なければ少ないほど、論争的問題について合意することの緊急性は低くなる。たとえば、「すべての人に合う」自動車のモデルを選ぶことは現在、政治的衝突の原因にはならない。人々は個々にいろんな車を広く調べて、自分のニーズと予算に最も合うものを購入する。特定の車がコミュニティのメンバー全員に合致する必要はない。政治は、正しい車とは何か、正しい靴とは何かを人気投票で決め、多数派の決定を押し付ける、などということをするものではない。同様に私たちは、多元主義のもとでは、宗教、教育、医療といった分断を招く政治的問題に対して、すべての人に適した解決をみつけようとはしない。対照的に、様々な事柄が政治の範疇に入れられると――民主政治においてさえ――少数派が自分たちが軽んじられているとみる危険性を高める[12]。

政治的選択は制限されている。たくさんの選択肢がありうる一方で、いかなる意思決定においても、二、三個の選択肢しか選べないのが常である。政治的意思決定は独占的でもある。決定を下した後は、一つの選択肢、すなわち、みんなが受け入れなければならない選択肢しか残されていない。

政治の外に目を向けると、あなたが私と違う嗜好をもっていることは、まず大方影響を及ぼさない。私はあなたがもっている選好が自分のと違うことを許容するし、場合によってはそのことを讃えさえする。なぜなら、あなたの選好が私にコストをもたらすことは、まずないからである。しかし、意思決定を政治的なものとして扱ったとたん、あなたと私の選好の違いが実際の衝突の原因となる。あなたが自分の好きなようにすることは、私が私の好きなようにすることを阻止することになる〔からだ」。

政治的意思決定は否応なしに暴力を通じて課される

政治的意思決定の問題は、ほとんどの人が自分の好きなようにはできない、という点にとどまらない。政治的意思決定には、たいていが、私たちの意に反して暴力の脅威の中で課される、という問題もある。

政府は私たちが心の底から支配に服することを願って、政府の支配に従うよう私たちに忠告するだけではない。政府は、暴力ないし暴力の脅威をちらつかせて、法やルールを強いさえするのだ。

この点について、ヒューマーが用いた例を修正したものを使って示したい。あなたが、オートバイにヘルメットを着けずに乗るための、一〇〇ドルかかるチケットを手に入れたとしよう[13]。政府がチケットを発行するにあたって、あなたに一〇〇ドルを支払うように命じる。もしあなたがただちにチケット代を支払わなかったら、政府はさらに命令を繰り出して対応する。〔たとえば〕あなたに怒りに満ちた催促状を送り、もっとお金を支払うように命じるだろう。それでもあなたが命令を無視し続けたら、あなたの免許証を取り上げるだろう。それが意味するのは、あなたに運転しないように命じることである。それでもあなたは政府の命令を無視し、運転し続けるとしよう。その結果、政府はあなたを逮捕し、収監するだろう。政府が逮捕しようとする際、あなたがもしその命令に従うことを聞き入れなかったら、政府の機関は必要に応じて、あなたに暴行をくわえ、叩きのめし、しまいには殺してしまうだろう。

結局のところ、「Xを要求する法律があってしかるべきだ」と誰かが主張することは、「私は、人々がXをしないなら暴力をちらつかせて彼らを脅迫したい」と主張することに等しい。政治闘争は、一方の側が他方の側の意思を曲げさせることを強制しうる権力を獲得するための闘争なのだ。「雇用者は従業員が避妊用品を購入するためのお金を支払わなければならない」と主張することは、「私は、従業員が避妊用品を購入するためのお金を支払うよう雇用者に対する実力行使を支持する」と主張することである。「コカインは非合法であるべきだ」と主張することは、「私はコカインを吸う人に対する実力行使を支持する」と主張することである。「レストランに対し、店のメニューに栄養表示を付すことを法で求めてしかるべきである」と主張することは、「私は店のメニューに栄養表示をしないレストランに対する実力行使を支持する」と主張することである。「国旗を燃やすことは非合法であってしかるべきだ」と主張することは、「私は国旗を燃やす人に対する実力行使を支持する」と主張することである。おそらく、これらの実力行使のうちの一部は正当化される――〔少なくとも〕私は正当化されないとは論じていない。ここでの議論のポイントは、政治的意思決定は、制度化された暴力を通じて実行されるということにほかならない(14)。

万人が敵

政治心理学の知見を紐解くと、人々は単なる政治的見解の不一致でお互いに反感をもちがちであることがわかっている。哲学の演習においてさえも、半分の学生が古典的リベラリズムの考えを支持する議論をし始める一方で、もう半分が共同体主義の考えを支持する場合、一〇年後には、古典的リベラル同士の関係の方が共同体主義者と比べて親友になりやすいし、その逆もしかりである。

単に異なる政治的意見をもっていることと、それに沿って行動することには決定的な差がある。人々の集団が家や学校を離れて、その代わりに寄付や選挙活動をしたり、ピケを張ったり投票したりしたとたんに、人々がもつ集合的な政治的態度や行動によって決定的な違いが生じてしまうのだ。彼らは異なる政治的見解を支持しているにとどまらなくなる。すなわち、自分の見解に同意しないよそ者に対し、自分の見解を押しつけるべく活動しているのだ。

政治的意思決定は正真正銘の衝突をもたらす。政治において集合的意思決定を行う際に、その決定は二、三の選択肢から選ばれがちである。決定を下した後、私たちはその一つの選択肢にこだわり、実力行使を伴うかたちでそれを強制する。政治によって私たちは決闘に近いような、据わりの良くない状況に置かれる。もしあなたが他の陣営に属するならば、あなたは文字通り私を意のままに従わせようとするだろう。このことで私には、あなたに反感をもつ根拠ができる。そのような衝突に至ってしまうことの責任は、おそらくあなたにはない。だが、それでも衝突は起こる。あなたが棍棒を手に入れたとたんに、私も棍棒を探し出すのだ。

政治の拡張に賛同する人は、こう応答すると思われる。「確かに、政治的意思決定はそうした特徴をあわせもつ。だが、そうした特徴によって私たちが状況次第では真の敵になると言わずに、それにより妥協を必要とする状況が生まれるとどうして言えないのか。」と。

私たちには集合的な形で意思決定を行わざるを得ないような、核となる問題群があるのかもしれない。その問題群がどういうものかについての理論を、ここで明らかにすることはしない。むしろ、その問題群はほぼ確実に、実際に私たちが集合的コントロールに委ねている諸問題よりも少ないと言える——こう端的に述べたい。私の左派の友人も右派の友人も、この見解に同意してくれている。なぜなら私は彼らが、相手方がまったく政治に持ち込むべきではない事案について、政治の問題として扱ってしまっていると文句を言っているのをよく見聞きするからだ。私たちは全員、実際の政治の範囲が政治の問題として扱う必要のある領域よりも大きいことに同意すると思われる。

無能な王の死に乾杯

デモクラシーによって私たちが敵同士になる、もう一つ別の方法がある。これまでの章で私は、政治的思考パターンにかんする多くの経験的研究についてかなり詳しく検討してきた。私が明らかにしたのは、ほとんどの民主的市民はホビットかフーリガンだということである。〔しかも、〕ほとんどのホビットは、潜在的にはフーリガンである。ほとんどの投票者は無知なだけでなく、間違った情報を与えられており、しかも合理的ではない。無知や非合理性は強靭だ。人は合意に達するための試みや学びに抵抗する。自分の意見を譲らないのだ。無知や非合理性をなくす試みは、こうした問題を一層悪化させる。私たちは民主的熟議を含む政治参加によって品よく啓発される見込みよりも、堕落し愚かになる公算の方が高い。

こうしたホビットやフーリガンどもが、私に政治的権力を振りかざすのだ。彼らが政治的権力を振りかざすとき、そこに利他的な意図があることもわかっている。同時に、彼らは馬鹿丸出しで政治的権力を振りかざす。このことによって彼らを嫌い、彼らは私の敵に、そして私は彼らの敵になる理由が生まれると論じているのである。

それがなぜかを理解するために、第六章の無能王カールの話を思い出して欲しい。カール王は、臣民の生活をより良いものにしたい。しかしカール王は、自分がしていることを理解しようとする努力をしない。〔だから、〕自分にとって必要な情報をもっていないし、かろうじて有するなけなしの情報について、信頼のおける方法では推論しないのだ。

カール王はいい人だが危険人物である。カール王については、次のことが当てはまる。

・カール王は言葉の上では臣民に害を与えることを望んでいない一方で、実際には臣民を痛めつけてしまうようなことを頻繁に望んでしまう。
・カール王は言葉の上では臣民を過度の危険に曝すことを望んでいない一方で、実際には過度の危険に曝すようなことを頻繁に望んでしまう。
・カール王が無能であることを示す証拠はたくさんある。しかし、カール王はその証拠に十分な注意を払わないし、無能であるという証拠を合理的に精査することもしない。したがって、カール王は自分の無能さを悔い改めたり、臣民を自分の無能さから守る方策をとらない。

右記のことをふまえると、カール王の臣民には、カール王を嫌悪する十分な理由がある。カール王が意思決定を行う、そのほとんどの機会で、臣民にとって害となる深刻なリスクをもたらしている。臣民の運がよければ、カール王はまともな、もしくは良い政策を選ぶ。だがその場合でさえ、カール王は自分がやっていることをわかっていない。カール王が良い意思決定を下すことがあっても、それはたまたまである。もし臣民の運が悪ければ、カール王は深刻な危害をもたらす。カール王は無責任に、強大な権力を振りかざすのである。

カール王の臣民が、王が早く死ぬことを祈願してパブで乾杯のグラスを上げていたり、そう〔単に〕願っている声を耳にしても私は驚かないだろう。臣民はそのことをほんの少し悪いことだと思うかもしれない。なんだかんだ言っても、カール王はいい人だからだ。しかし、臣民がカール王を自分たちや自分たちの子どもの暮らしにとっての脅威であるとみなすことは、決して間違ってはいない。

現代のデモクラシーでは、一人の無能な王を戴くのではなく、たくさんの無能な王がいる。デモクラシーにおいて、無能で無責任な支配者は、お城にいるあごひげをたくわえた人ではない。私が目にする市民仲間のほとんどが、無能で無責任な支配者なのだ。もしカール王の無責任の行動によって臣民に王を嫌う理由があるというなら、同様に私には市民仲間を嫌う理由が多少なりともあることになる。

投票者の中に、「この政治家には是非、他の人に害をもたらしてほしい」と意識的に考える者などいない。しかし見方を変えると、ほとんどの政治に積極的な市民は、市民仲間に害をもたらしたり、不当な危険に曝したりすることを強く望んでいるのである。

このことを示すために、私が『投票の倫理』で導入した「慈悲深いベティ」というキャラクターについて考えてみたい。慈悲深いベティは、他の人を助けたいという願望に満ちあふれている。だが、ベティは、実際に他の人の助けになることについて間違った考えをもっている。彼女は常に、実際のところ害になることを行うことによって、他の人を助けようとする。それゆえ、たとえば、溺れている子どもに出くわしたら、その子の顔に水を浴びせる。もし病気の人をみかけたら、その人に天然痘のウイルスを注入する。もし誰かが痛みに苦しんでいるのを見かけたら、その人のすねを蹴る(15)。ベティは自分自身を、人を助けたいと望む人間であると考えてはいるものの、同時に、実際には人に害をもたらす行いを望んでしまう。見方を変えれば、ベティは、自分自身をそうしたことを望む人間とは捉えていないものの、人に危害をくわえたいのだ(16)。

あるいは、自分の患者を救いたいと真剣に思っている外科医サミーを想定して欲しい。ちなみに、患者をどう救うかについてサミーが決めるやり方は信頼できないものだ。サミーは、患者が病気にかかったと訴えると、身体解剖図に向けてダーツを投げる。するとサミーは患者に、それがどの場所であろうとも、ダーツが当たった臓器や部位を取り除く手術を受けるよう助言する。サミーは真剣に、ダーツによる診療方法が、患者の病気に対する最善の治療を選定するための信頼しうる方法だと考えている。このときサミーは人を救いたいと願っているが、同時に実際のところ人を不当な危険に曝す行いを望んでいる。見方を変えれば、サミーは自分自身をそうした欲求をもつ人間とは捉えていないが、患者を不当な危険に曝したいのだ(17)。

投票する公衆は、ほとんどがカール王やベティ、サミーといった、いわゆるフーリガンから構成される。この三人は自分自身を私の敵だとは思っていない。しかし実際には、彼らは私に害をもたらしたり、私を大きな危険に曝したいのだ。三人の行動によって私には、三人を嫌うか三人が不幸になることを望む理由ができる。彼らの心には慈愛しかないのにもかかわらず、である。

私はこうしたことを大げさには言いたくない。〔たとえば、〕カール王は無能だが、王のバックには、相対的に良い決定をうまく打ち出せるたくさんの有能な大臣がいるとしよう。こうしたケースでは、カール王の臣民が王に反感をもつ根拠はやや弱まる。同様に、第七章で論じたように、たびたび現代のデモクラシー下で政府機関が想定されるよりも良いパフォーマンスをみせるのは、そうした機関が無能な有権者が支持しないことを首尾よく実行するからだ。この場合、私が同胞の投票者を軽蔑する根拠は、それが該当しないケースよりも弱いものとなる。

市民社会では、私の市民仲間のほとんどが公の友人同士であり、大きな協働の枠組みの一部である。デモクラシーの忌むべき特徴の一つは、こうした人を私の生活に対する脅威に変えてしまうことである。私の市民仲間が、危険でかつ無能な仕方で私に対し権力を行使する。このことが市民仲間を、私にとって公の敵にするのだ。

注

（1）市民仲間を友としてみなしうることに様々な意味があることについては、Schwarzenbach 1996; Cooper 2005 を参照。
（2）Iyengar and Westwood 2015, 699.
（3）Ibid., 714.
（4）この説明を確証する経験的エビデンスとして、Waytz, Young, and Ginges 2014 を参照。

（5） Sunstein 2014. ここでは Iyengar, Sood, and Lelkes 2012 が引用されている。

（6） アイエンガーとウェストウッド（Iyengar and Westwood 2014）もまた、そうした表には出ていない関連性についてテストしたところ、異なる人種よりもライバル政党について否定的な関連性がより強固であることを明らかにした。もちろん、いまの共和党支持者と民主党支持者には、一九五〇年代と比べるとイデオロギー上の違いがあるというのも、ここでの一つの重要な側面である。一九五〇年代は、上院・下院において、共和党、民主党ともイデオロギーでは重要な一致がみられた。一部の民主党の政治家は一部の共和党の政治家よりも右寄りでさえあった。今では連邦議会のすべての共和党の政治家はあらゆる民主党の政治家よりも右寄りである。

（7） Hobbes 1994, I.xiii.8〔9の間違い　訳第一巻第一三章二一一頁〕.

（8） Riker 1982。

（9） たとえば、Nagel 2010; Ehrlinger et al. 2008; Dunning et al. 2003; Kruger and Dunning 1999, 2002 を参照。

（10） 〔もちろん〕幾分かは影響があることは私も認める。シーアの音楽が人気ならば、次の機会にターゲットでショッピングをするときに、そのミューザック[訳注1]版を耳にする確率は高まる。仮にピッツェリア・オルソがピザハットと同等に人気があったとしたら、私はほとんどどこでもおいしいピザを手に入れることができただろう。

（11） Aaron Ross Powell and Trevor Burrus, "Politics Makes Us Worse," Libertarianism.org, September 13, 2012, http://www.libertarianism.org/publications/essays/politics-makes-us-worse（二〇一六年一月四日最終アクセス）.

（12） Schmidtz and Freiman 2012, 425.

（13） これは、Huemer 2013, 9-10 で出てくる事例を修正したものである。

（14） この点について、私の同僚がかつてこう述べことがある。「政治的でない制度の多くが、暴力を通じて施行されるのではないか。たとえば、財産権は究極的には暴力を通じて強制される。」、と。その通りなんだが、私が思うに、このことが同時に示しているのは、行きすぎた抽象化がいかにミスリーディングか、ということである。〔両者に〕あるのは、程度の違いである。

（15） Brennan 2011a, 162.

（16） 専門用語を交えると、ベティは事象様相（*de re*）[訳注2]では他者に害をもたらす欲求をもっているが、言表様相（*de dicto*）[訳注3]では助けたいという欲求をもっている〔と説明できる〕。

（17） サミーは事象様相（*de re*）では患者に不当な危険をもたらす欲求をもっているが、言表様相（*de dicto*）ではそうした危険に曝したくないという欲求をもっている。

訳注

［1］アメリカのBGM制作会社Muzakによる、人気曲の店舗用アレンジ版のこと。

［2］事象様相（de re）とは、その言葉で表す特定のもの（事）の可能性や必然性のこと。カール王の人を助けたいという欲求は、事象様相では害をもたらす欲求である、といった主張が可能である。

［3］言表様相（de dicto）とは、その言葉で表す非特定的なもの（事）が整理する世界の可能性や必要性のこと。特定的には害をもたらすカール王の欲求は、言表様相では人を助けたいという欲求である、といった主張が可能である。

訳者解説

小林卓人、辻悠佑、福島弦、福家佑亮

本書を手に取られる読者の関心を第一に惹くものは、そのタイトルであろう。現代のリベラル・デモクラシー（とされる）国家に生きる私たちにとって、「デモクラシーこそが私たちの社会にあるべき政治体制だ」という考えは、おそらくもっとも支配的な、あるいは権威的な考えの一つかもしれない。「民主的な」という形容詞は、制度や行為を記述するのみならず、それらを評価するための形容詞としてしばしば用いられてさえいる。「民主的な」はほぼ「良い／正しい」と同等の意味で用いられることがあり、「非民主的な／反民主的な」はほぼ「悪い／正しくない」と同等の意味で用いられることがある。本書のタイトル『アゲインスト・デモクラシー』は、まさにその考え方、ないしそのような語の使用法への異議を申し立てていると考えてよいだろう。

著者ジェイソン・ブレナンの目的は、この異議を、単なるセンセーショナルな政治的・倫理的スローガンとしてではなく、政治科学と政治哲学において蓄積されてきた広範な知見、および注意深い合理的推論に基づく最善の結論として申し立てることにある。著者の試みがこれらの学術分野における重要な貢献を見定めるための基準の一つ——論争的な結論を、良い根拠に基づいて支持すること——を満たそうとするものであることは、訳者一同が保証したい。
とはいえ、著者の異議が実際に正しいか否かは、読者の熟慮と今後の学術的論争に委ねられるべきである。この訳者解説では、著者を簡潔に紹介したのち、本書の思想的・理論的背景や議論《アーギュメント》の方法を紹介することで、そのような熟慮や論争のための下地を作ることを試みる。

著者紹介

本書の著者であるジェイソン・ブレナン教授は、現在、ジョージタウン大学のマクドノー・ビジネス・スクールに在籍している政治哲学者であり、アリゾナ大学で二〇〇七年に博士号を取得している。著者紹介にあたって、まずは以下の著作一覧をご覧いただきたい。

著作一覧
- *A Brief History of Liberty* (Wiley-Blackwell, 2010), with David Schmidtz
- *The Ethics of Voting* (Princeton University Press, 2011)
- *Libertarianism: What Everyone Needs to Know* (Oxford University Press, 2012)
- *Compulsory Voting: For and Against* (Cambridge University Press, 2014), with Lisa Hill
- *Why Not Capitalism?* (Routledge, 2014)

・*Markets without Limits* (Routledge, 2015), with Peter Jaworski
・*Political Philosophy: An Introduction* (Cato Institute, 2016)
・*Against Democracy* (Princeton University Press, 2016)
・*In Defense of Openness: Why Global Freedom Is the Humane Solution to Global Poverty* (Oxford University Press, 2018), with Bas van der Vossen
・*When All Else Fails: The Ethics of Resistance to State Injustice* (Princeton University Press, 2018)
・*Cracks in the Ivory Tower* (Oxford University Press, 2019), with Phil Magness
・*Good Work If You Can Get It: How to Succeed in Academia* (Johns Hopkins University Press, 2020)
・*Why It's OK to Want to Be Rich* (Routledge, 2020)
・*Business Ethics for Better Behavior* (Oxford University Press, 2021), with William English, John Hasnas, and Peter Jaworski
・*Debating Democracy* (Oxford University Press, 2021), with Hélène Landemore
・*Democracy: A Guided Tour* (Oxford University Press, 2022)
・*Debating Libertarianism: What Makes Institutions Just?* (Oxford University Press, 2023), with Samuel Freeman
・*Debating Capitalism* (Oxford University Press, 2023), with Richard Arneson

また、*Routledge Handbook of Libertarianism*（Routledge, 2017）の編者の一人（with Bas van der Vossen, David Schmidtz）でもある。右の著作以外にも、学術論文や学術書の章の執筆も精力的に行っている。Cato Instituteをはじめ、リバタリアニズム系のシンクタンクで一般向けの活動も行っているほか、かつては、Bleeding Heart Libertariansという、後述する新たなタイプのリバタリアニズムを広めようとする研究者たちが運営していたブログの寄稿者でもあった（このブログは二〇二〇年に活動停止を宣言している）。

著作一覧を眺めるとわかるように、政治哲学者としてのブレナンは、デモクラシーや投票倫理の研究者であると同時に、自由市場に好意的なリバタリアニズムの研究者でもある。彼が一翼を担うリバタリアニズムはネオクラシカル・リベラリズムと呼ばれる。その特徴は、古典的リベラリズムにおける経済的自由の重視と平等主義的リベラリズムにおける社会正義の重視を結合させようとする点にある（cf. Brennan 2018; Brennan and Tomasi 2012; Tomasi 2012）。

ネオクラシカル・リベラリズムや本書の議論をブレナンが展開する際の共通点として、制度選択におけるPPE（Philosophy, Politics, and Economics）アプローチを採っていることが挙げられる。PPEアプローチによると、どのような制度を選択するべきかという問いに答えるためには、制度がどう機能するか、いかなるオルタナティブが実現可能なのかという経験的な理解が必要とされる。つまり、制度に対し規範的評価を下す際に社会科学的な検討を重視するのである。こうしたブレナンの観点は、意思決定手続きの評価を主題とする本書の議論にも強くあらわれている。たとえば、政治学から行動科学まで各種社会科学の知見が参照され、一部のデモクラシー論はデモクラシーとそのもとでの市民の振る舞いに過度な期待を抱いていると批判されている。あくまで今ここの社会に対する経験的理解を基礎に制度評価及び制度選択を構想するべきだとするブレナンの方針は、デモクラシーの現実をなおざりにしてきたデモクラシー理論に対する批判を含意している。

著者自身の背景紹介はここまでにして、以下では本書を思想史的背景や理論的背景のなかに位置づける作業に移りたい。

思想史的背景

デモクラシーへの懐疑

題名からもわかるように、本書は「デモクラシーに反対」する立場を鮮明にしている。政治思想史を振り返れば、古代から近代まで、デモクラシーに対する懐疑的な見解は決して突飛なものではない。ここでは、特に本書との関係で重要となるデモクラシー批判をごく簡単に振り返っておく。より詳しくデモクラシーについての思想史を辿りたい方には、政治思想史の教科書か、ここ数年の間だけでも参考になる書籍が多数出版されているので、そちらが適している（たとえば、宇野 2020）。

最初におさえておきたいのは、本書におけるデモクラシー批判の図式がデモクラシーの歴史と同程度に古い伝統をもつ点である。デモクラシーによる政治の起源の一つが古代ギリシアにあることは有名だが、思想史的にはプラトンやアリストテレスらはデモクラシーに対して批判的だったことも忘れてはならない（もちろん現代の「デモクラシー」と古代ギリシアの「デモクラシー」を単純に同一視するのは思想史的には注意すべきではあるが）。特にプラトンは、善のイデアを観照した哲学者こそが哲人王として統治をするべきであると考えた点で、徹底的なエピストクラシー（知者の支配）の支持者であり、かつデモクラシー批判者だった。デモクラシーは、扇動によって最悪の僭主政治に転落する手前の政体として位置づけられている（プラトン 1979）。また、アリストテレスにも、混合政体論的な発想と同時に、やはり理想的には政治は有徳者が担うべきだという発想があった。デモクラシーは、多数派の貧者の利益を追求する点で、アリストテレスにとっても堕落した政体であった（アリストテレス 2001）。要するに、プラトンやアリストテレスは、政治に携わる人々の質を極めて重視し、みんなの政治参加それ自体を歓迎してはいなかったのである。

リベラリズム vs. デモクラシー

本書の議論を思想史上に位置づける上でもう一つ確認しておくべきなのが、リベラル・デモクラシーにおけるリベラリズムとデモクラシーの緊張関係である。現在、両者は連名で政治体制のあり方を表しているが、このことは必然ではない。それどころか、政治的権力がいかに行使されるか次第では、当然デモクラシーといえど個人の自由への脅威となる。リベラリズムは個人の自由を大切にする考え方であり、たとえ政治的意思決定の結果であっても、他人が侵してはならない領域は個人の権利の名のもとに守られるべきだとされる（ゆえに憲法上の権利保障がある）。それに対して、デモクラシーは政治的権力の行使を広く市民に委ねる。アイザィア・バーリンは言う。「事実、デモクラシーが一人の市民から他の形態の社会においてならもちえたかもしれない数多くの自由を奪うかもしれないのと同じように、自由主義的な専制君主がその被治者にかなりの程度の個人的自由を許すということはまったく考えられる……〔中略〕……個人の自由とデモクラシーによる統治とのあいだにはなんら必然的な連関は存在しない」(バーリン 2018 p. 316)。

権力行使次第で個人の自由が脅かされるという点で、デモクラシーも警戒対象の例外でないことは、一九世紀の思想家たちの著述に顕著である。たとえばバンジャマン・コンスタンの有名な講演「近代人の自由と古代人の自由」は、古代人の自由としての政治参加を称揚する立場――ジャン・ジャック・ルソーが念頭に置かれている――に対して、近代における個人の自由を軽視していると批判を向ける(コンスタン 2020)。あるいは、アレクシ・ド・トクヴィルやジョン・スチュアート・ミルらは、「多数者の暴政」や「民主的専制」という言葉で知られるように、多数者の権力が個人に対して抑圧的に働くことを懸念した(トクヴィル 2005-2008; ミル 2019; 2020)。なお、こうした懸念は次の理論的背景の節でも触れるように、二〇世紀におけるウィリアム・ライカーらのデモクラシー批判にも受け継がれている。

もちろん、コンスタンは政治的意思決定への参加それ自体が放棄されてよいとは考えなかったし、トクヴィルやミルがデモクラシーに向ける期待も大きかった。デモクラシーのもとでは各個人が自分で考え判断するようになる、という期待である。しかし、特にミルに着目すると、市民の政治参加が権力行使のコントロールに資することや様々な教育効果を生むという期待は、必ずしも平等な参政権を支持するものではなかった。彼は、教育を受けた人々により大きな政治的権力を分配する「複数投票制」のような制度構想を提案している。こうした提案は、デモクラシーから逸脱する点で先の期待と矛盾しているように見えるかもしれない。だが、政治制度の帰結のみを気にかける道具的な態度からすれば、政治的平等からの逸脱を原理的に拒む理由はない。要するに、デモクラシーへの警戒、期待、逸脱はすべて、一貫した観点からのものである。

民主的な政治的権力を疑う本書は、こうした伝統の延長線上に位置づけることができる。あえていえば、ブレナンはリベラルではあるがデモクラットではないのである。そして彼の議論は、「市民の政治的平等を否定するなんてとんでもない」と簡単に片付けられるようなものではない。本書の議論は、現代のデモクラシーを対象にした規範的研究と経験的研究を踏まえて構築されているからである。以下では、そうした現代のデモクラシー研究を説明していこう。

理論的背景

デモクラシーの規範理論

本書は、デモクラシーに関する哲学的・経験的な研究を数多く参照している。まず、哲学的研究について説明しよう。政治哲学（ないし規範的政治理論）は、政治的・経済的・社会的諸制度やそれらに関わる人間の行為についての「べし（ought）」を探究する。ここでは、デモクラシー研究において扱われてきた規範的問いを、大まかに時系列に沿った仕方で整理する。

第一に、「民主的な政治体制は具体的にはどのような形態をとるべきか」という問いがある。この問いは、たとえば一九八〇年代頃から急速に進展した「熟議デモクラシー」の理論潮流において広く取り組まれてきた（Bohman and Rehg 1997; Cohen 2009; Manin 1987; 田村 2008; ハーバーマス 2002-2003）。この理論潮流によれば、理想的なデモクラシーとは、単に各人がすでに有しているとされる政治的選好を公正な仕方で政治的意思決定に反映するための装置ではない。そうではなく、人々の間での合理的かつ公正な熟議に基づく政治的意思決定を可能にする条件を整えるための制度や実践の体系である。この見解は、しばしばデモクラシーの「集計的構想」に対する「熟議的構想」からの批判として紹介される。こうした批判を展開する熟議デモクラシーの理論家たちは、民主的熟議を実現するために求められる制度や実践のさまざまな構想を提案している。

以上の第一の問いにどのように回答するにせよ、理論家たちは「政治体制は民主的であるべきだ」とする規範的見解を広く共有していた。第二の問いは、この見解自体の根拠づけを求めるものである。すなわち、「政治体制、とりわけ政治的意思決定手続きはなぜ民主的でなければならないのか」。この問いへの取り組みの中で、デモクラシーの道具的または非道具的な諸価値——正しい結果を生み出す傾向性、市民的徳を涵養する傾向性、自己決定や政治的平等の実現など——が提示されてきた（cf. Anderson 2009; Arneson 1993; Beitz 1989; Christiano 2008; Estlund 2008; Gould 1988; Kolodny 2014; Landemore 2012; Saffon and Urbinati 2013; Waldron 1999; 福家 2019）。詳細は後に触れるが、これらの価値について民主的体制は非民主的体制よりも優れているため、私たちは民主的体制を用いるべきである（さらに言えば、民主的体制は正統な権威を備える）、と論じられてきた。

しかし、この最後の点は論争的である。もちろん、デモクラシーは、自己決定や政治的平等の実現といった非道具的価値については非民主的体制よりも優れているかもしれない。しかし、正しい結果の産出や市民的徳の涵養はあくまで手続きの作動の帰結であり、こうした帰結を生じさせるにあたって、民主的な政治的手続きが非民主的手続きよりも道具的に優れているかどうかは自明ではない。たとえば、思想史的背景の節でも述べたように、個人の自由を脅かすような政治的決定が民主的手続きを通じて産出されることは容易に想像しうる。したがって、少なくとも道具的価値を重視する立場にとっては、非民主的な政治体制を擁護する理論的余地は十分にありうる。本書の言葉では、この考えは次のように表現される。「デモクラシーはハンマー以上のなにかではない。もしより良いハンマーを見つけられるなら、私たちはそれを使うべきである。」〔本書上巻一七頁〕

このように、政治体制を道具的に評価するか、それとも非道具的に評価するかによって、異なる政治体制（たとえばデモクラシーとエピストクラシー）の比較評価における結論も異なりうる。したがって、政治体制の比較評価を行うにあたって、私たちは「そもそも政治体制をどのような基準で評価すべきか」という哲学的問いにも取り組む必要がある（小林 2019）。次項では、この問いについて提示されてきた二つの大きな立場である道具主義と非道具主義の間の論争を整理する。

道具主義と非道具主義

道具主義とは、政治体制は、なんらかの良い帰結を生じさせるための道具として比較評価されなければならない、という主張である。道具主義に立てば、他の政治体制と比較して、より良い帰結を生じさせる傾向性のある政治体制であるという理由から、デモクラシーは正当化されることになる。他方で、政治体制には、良い帰結を生み出すことに還元し尽されない独自の価値が備わりうると考えるのが、非道具主義である。たとえば、自己決定や政治的平等の価値が、ここでの非道具的な価値に該当する。

単純化の誇りをおそれず言えば、次項で紹介する認識的デモクラシー論を除いて、これまでデモクラシーの擁護者の大半は非道具主義的な観点を中心にデモクラシーの擁護を企ててきた。これには、少なくとも二つの理由を考えることができる。一つは、デモクラシーを独裁や権威主義等の他の政治体制と区別するメルクマールには、自己決定や政治的平等の非道具的な価値が含まれているという見方である。もう一つは、道具主義が非民主的な政治体制の正当化に転用されるのではないかという懸念である（Saffon and Urbinati 2013 p. 446）。実際、デモクラシーの擁護者が非道具主義を重視する傾向は、本書でも論じられるトマス・クリスティアーノやデイヴィッド・エストランド、そして近年デモクラシーの正当化論において急速に支持を集めつつある関係的平等主義が、いずれも非道具的な価値を基軸として議論を展開していることからも看取できる。

さて、以上の背景を踏まえたうえで、デモクラシー以外の政治体制、とりわけ、本書の主題でもあるエピストクラシーを擁護する議論は、どのように特徴づけられるだろうか。ここで重要となるのが、非道具主義に対する態度である。本書でも何度も確認してきた通り、エピストクラシーの擁護者が一種の道具主義を採用していることは間違いない。しかし、デモクラシーの擁護者であっても、必ずしも道具主義を徹頭徹尾拒絶するわけではない。むしろ、非道具的な価値が優先するという条件の下で、道具的な価値も追求するという形で、両方の価値を考慮する論者が多い（たとえば、Estlund 2008 の立場はこうした両立主義に分類可能である）。

デモクラシーの擁護者とエピストクラシーの擁護者、両者の間に存在する最も大きな違いは、デモクラシーの正当化において、非道具的な価値の存立余地を認めるかどうかという点にある。ここで触れておかなければならないのは、デモクラシーの正当化において、非道具的な価値の存在を一切否定する純粋道具主義(pure instrumentalism)を明確な立場として打ち出したリチャード・アーネソンの存在である。アーネソンは、政治哲学や道徳哲学において広く業績のある哲学者だが、デモクラシー論においても、一九九〇年代初頭から現在に至るまで純粋道具主義を擁護する論文を継続的に発表している。アーネソン自身は、デモクラシーの正当化として有望な立場が純粋道具主義であると主張するにとどまり、積極的にエピストクラシーを擁護しているわけではない(もっとも、Arneson 2016 など近年の論文では、エピストクラシーの擁護可能性を認めている)。しかし、アーネソンの議論には、ブレナンにも引き継がれた二つの基本的な議論の方向性を見出すことができる。一つは、非道具的な価値を重視する議論を個別に論駁するという形で純粋道具主義を擁護する議論。もう一つが、デモクラシーの根幹をなす投票には他者への権力行使の契機が含まれるという指摘に基づく議論である。アーネソンは、他者に対する権力行使が正当化されるのは、生命や財産の保障等の基本的権利を最大限に実現する場合であり、かつその場合に限られるとして、純粋道具主義を擁護する(Arneson 1993 pp. 118–125; Arneson 2003 pp. 124–125)。こうした純粋道具主義からすれば、帰結——基本的権利を最大限に実現すること——以外の要素に価値を見出そうとする非道具主義は、デモクラシーの正当化において何の役割も持たないのである。

こうしてみると、本書におけるブレナンの主張は、アーネソンの純粋道具主義を踏襲しつつも、さらなる洗練を加えてエピストクラシー擁護に昇華させたものであることが分かる。第四章と第五章で展開される非道具主義への批判は、非道具主義的な議論を一つひとつ丁寧に論駁していくアーネソンの議論方針を受け継ぐものである。同時に、少なくとも以下の二つの点でブレナンは独自の発展を純粋道具主義に加えている。一つは、他者への権力行使が許容される条件を、より弱いものにしている点である。第六章において、無能な陪審員団とのアナロジーを巧みに用いつつ提示される有能性原理は、最も有能な政府を求めるのではなく、無能な政府を有能な政府に改善することを求める点で、ブレナン自身が指摘するように弱い（純粋）道具主義に立つ。二つ目の点が、経験科学の豊富な援用である。ブレナンは、現在の（アメリカの）平均的な市民がいかに無知で非合理的であるかを、実証的な政治科学を積極的に参照しつつ論じる。経験科学に裏打ちされた規範的な議論を展開する点も、アーネソンにはないブレナンの議論の特徴である。

以上の点に鑑みれば、本書におけるブレナンの主張は何の脈絡もない突飛な主張ではなく、政治哲学におけるデモクラシー論の発展を踏まえた、正統な議論であると言えるだろう。

認識的デモクラシー

先ほども述べたように、これまでデモクラシーの擁護者は非道具主義的な議論を好んで取り上げる傾向があった。しかし、道具主義に棹さしつつ、エピストクラシーの擁護者に負けじと、デモクラシーを力強く擁護する試みが近年注目を集めつつある。それが、ここで紹介する認識的デモクラシー（epistemic democracy）と呼ばれる議論だ。認識的デモクラシーの特徴は、政治的意思決定から独立した正しさや共通善が存在するという仮定の下、デモクラシーは、投票や熟議を通じてそうしたある種の「正しさ」に到達する蓋然性が高いと主張する点にある。別の表現を用いれば、民主的な意思決定を「正しさ」への到達に向けた集合知産出のメカニズムとみなす諸議論が認識的デモクラシーと呼ばれている。

歴史的に見れば、認識的デモクラシーの淵源は、奇しくもデモクラシーを堕落した体制と見做したアリストテレスの『政治学』にまで遡ることができる。ただ、認識的デモクラシーが一つの明確な立場として定式化されたのは、政治哲学者のジョシュア・コーエンが一九八六年に発表した論文「デモクラシーの認識的構想」によるところが大きい（Cohen 1986）。この論文の執筆背景には、個人の選好集計メカニズムとしてデモクラシーが抱える欠陥を鋭く指摘したライカーの著書『民主的決定の政治学――リベラリズムとポピュリズム』の存在がある（ライカー 1994）。ライカーは、投票に期待する役割に応じてデモクラシーのモデルを二つに分類した。一方のポピュリスト・モデルでは、投票を通じて現れる人民の意志が絶対視される。他方、リベラル・モデルでは、投票は定期的に開催される選挙を通じた権力抑制・監視以上の役割をもたない。ケネス・アロー以来の社会選択理論の成果に依拠し、ライカーはポピュリスト・モデルを厳しく批判した。思想史的背景との関連で言えば、こうしたライカーの議論も、リベラリズムとデモクラシーの緊張関係という問題系の延長線上にある。このような背景の下で、ライカーを批判し、三つ目のモデルとして認識的構想の可能性を指摘したのが、先に挙げたコーエンの論文である。

では、デモクラシーが「正しさ」に到達する見込みが高いとする主張を支える議論には、具体的にはどのようなものがあるのか。これについては、ブレナンが第七章で紹介している通り、(一)集計の奇跡、(二)コンドルセの陪審定理、(三)「多様性が能力に勝る定理(Diversity Trumps Ability Theorem)」の三つが、認識的デモクラシーが着目する集合知産出の代表的メカニズムである。ここでは、ブレナンが紙幅を割いて論じているエレーン・ランデモアの議論について簡単に紹介したい。

ランデモアの議論の出発点は、ルー・ホンとスコット・ペイジによって提出された「多様性が能力に勝る定理」だ。この定理によれば、特定の条件が満たされたとき、専門的な知識を持たない一般の人々によって構成されているが認知的多様性に優れる集団は、専門家を擁するが認知的多様性に劣る集団よりも、優れた問題解決能力を有する。ランデモアはこの定理に依拠しつつ、デモクラシーを擁護するために「多様性が能力に勝る定理」を超えて更に大胆な主張を行う。ここで彼女が着目するのが、問題解決に携わる人数が増えることで認知的多様性が増大する点だ。この認知的多様性と人数の間に正の相関関係があるという想定に基づき、人数をより多く含む意思決定は、それよりも人数が少ない意思決定と比較して、常に正しい結果に到達する蓋然性が高いという「数が能力に勝る定理(Numbers Trump Ability Theorem)」をランデモアは提唱するのである(Landemore 2012 p. 104)。ランデモアが主張する通り「数が能力に勝る定理」が成立するのならば、道具主義の観点からデモクラシーのエピストクラシーに対する優越を示すにあたって、この定理は強力な根拠になり得る。というのも、理論上エピストクラシーよりもデモクラシーの方が多くの人々に政治への参加を認めることは確実である。だとすれば、「数が能力に勝る定理」に従えば、実はエピストクラシーよりもデモクラシーの方が「正しさ」に到達する能力に優れているという結論が得られるからだ。

もっとも、ブレナンが第七章で指摘している通り、こうした認識的デモクラシーの議論が、数理モデルの妥当性や現実への適用可能性——有権者の絶望的なまでの（合理的）無知や非合理性——等について様々な問題を抱えていることも事実である。第二章を中心としてブレナン自身が適切な整理を提示しているのでここでは繰り返さないが、有権者の無知や非合理性について、スコット・アルトハウスやイリヤ・ソミン、ブライアン・カプラン達の指摘に認識的デモクラシー支持者は正面から取り組む必要がある（Althaus 1998; カプラン 2009; ソミン 2016; cf. Converse 2006; Delli Carpini and Keeter 1997）。とりわけ、動機づけられた推論（motivated reasoning）をはじめとして、自身が所属する集団に都合のいいように情報を取捨選択し、推論を捻じ曲げる党派的な思考の影響は深刻である（この点に関して重要な文献として、本書とほぼ同時期に刊行されたAchen and Bartels 2016を参照されたい）。また、こうした社会科学的知見を豊富に援用するブレナンの方法には、著者紹介で言及したPPEアプローチが如実に表れている。認識的デモクラシーの最終的な妥当性についての判断は読者諸賢に委ねたいが、理想理論の次元において議論を進めがちな政治哲学に対して、現実の我々の思考を蝕む無知や様々な非合理性に注意を促し理論の再考を迫る点で、やはり本書におけるブレナンの主張は重要である。

本書の方法的特徴

最後に、本書の方法的特徴について二つの側面から論じたい。まず、我々の日常的直観を上手く剔出しながら論争的な結論を擁護する本書の方法を取り上げる。ブレナンの議論の進め方はこの点で政治哲学における議論のお手本とみなし得るため、その解説を通じて読者に政治哲学の方法と魅力を紹介できると考える。第二に、ブレナンの議論が、理想理論（ideal theory）と対比されるところの非理想理論（non-ideal theory）として専ら位置づけられている点を検討する。この点を取り上げるのは、ブレナンの議論の潜在的な弱みを指摘するためである。以下、順に見ていく。

日常的直観を用いた論争的結論の擁護

哲学者バートランド・ラッセルは、「哲学の要点は、語るに値しないようにみえるほど単純な事柄から始めて、誰も信じないような逆説的な事柄で終わることである」（ラッセル 2007 p. 36）と語った。これはなにも高名な哲学者がそう語ったという理由で重要なのではなく、哲学の議論方法について示唆的である点で重要である。自明な前提から逆説的な結論に達することは哲学的議論の強みとなる。というのも、そのような議論は出発点の自明性から説得力を得る一方で、結論の逆説性から、多くの人々が無意識に抱える思い込みや矛盾した考えを詳らかにするという学術的意義を得るためである。

本書は以上の方法が用いられている好例である。ブレナンが擁護を試みるのは、エピストクラシーはデモクラシーに対する有力なオルタナティブであり得る、という論争的な結論である。しかしながら、この結論を擁護するために本書でブレナンが提示する論拠は、難解な哲学的理論とは異なり、容易に理解でき、専門家・一般市民を問わず広く受け入れられている前提である。ブレナン自身の議論の最終的な成否はともかく、本書はこの点で優れた哲学的議論の範を示しているといえるだろう。

ブレナンの議論方法をより具体的に検討しよう。その第一のステップは、議論の分解である。我々は、整理して考えたのであれば受け入れない（退けない）ような結論をしばしば無批判に受け入れて（退けて）しまっている。そこでブレナンは、自説を擁護する場合でも対立的な見解を批判する場合でも、対象となる議論を論証のステップごとに分解し、議論の流れを可視化することからはじめる。これにより、論証ステップの瑕疵の有無がみてとりやすくなる。続く第二のステップが、このように可視化された論証ステップの検証である。ここでブレナンが効果的に用いるのが、アナロジーと思考実験である。これらは、論証の各ステップにおける瑕疵の有無を、広く受け入れられている前提や直観をテコにして明らかにするための重要な装置の役割を果たしている。

例を挙げよう。エピストクラシーよりもデモクラシーを選ぶ理由の一つとして、しばしば、デモクラシーはそれ自体人々の間の平等を表出する点で象徴的価値をもつと主張される。ブレナンはまずこの曖昧な議論を分解し、その一つの解釈が、「能力の欠如を理由に誰かから政治的権利を剥奪することはその人に対する不尊重を表出する点で不正である」という前提に依拠することを可視化する。続いてブレナンは、アナロジーや思考実験を用いてこの前提を攻撃する。たとえば、我々は通常、能力の欠如を理由に医師免許を持たない人に医療行為を禁じることはその人への不尊重を表出するとは考えない、というアナロジカルな例が持ち出される。加えて、目の前で喉を詰まらせた人を助けようとする医師に対し不尊重の表出を理由に抗議する男の例を用いた思考実験により、重大な局面ではむしろ能力上の差異に訴えるべきであるとの我々の直観が浮き彫りにされる。重要なのは、この議論が極めて常識的な直観に訴えかけているということだ。このようにブレナンは、アナロジーや思考実験を効果的に用いることで、広く共有された前提や直観をうまく炙り出し、デモクラシーは象徴的価値を持たないという論争的結論を擁護している。

政治哲学の真髄の一つは、政治的事象について我々が無批判に受け入れてしまっている前提を疑い、精査し、それをより精確なものに変えていくことに存する。ここで説明した議論方法は、このような政治哲学の営みを実現する上で重要な役割を果たしている。その好例としての本書でのブレナンの議論は、常識を疑い反省を促す政治哲学のポテンシャルを十二分に例証しているといえるだろう。ここで紹介した政治哲学の方法についてより詳しい解説を行なっている研究としては、たとえばデイヴィッド・レオポルド、マーク・スティアーズ編『政治理論入門』（レオポルド・スティアーズ 2011）の第一章を参照されたい。

理想理論と非理想理論

理想理論と非理想理論は、理論の理想度に関わる政治哲学上の区分である（cf. Stemplowska and Swift 2012; ロールズ 2010）。本書が着目する政治体制の比較についていえば、両者は大まかにいって次のように区別できる。市民が道徳的・認知的に理想的であることなどの好ましい社会的条件が満たされているとの想定の下で望ましい政治体制が何であるかを問うのが理想理論であり、そのような好ましい条件を欠いた、我々の目の前に広がる現実の社会的条件を所与として望ましい政治体制を探求するのが非理想理論である。

ここで注意が必要なのは、理想理論で擁護される政治体制が現実社会でも望ましいかは別問題だという点である。ブレナン自身の比喩を用いれば、パイロットの能力や天候が理想的であるとの反事実的想定の下では望ましい飛行機が、現実世界においても望ましいとは限らない。同様に、市民が道徳的・認知的に理想的であるとの想定の下で望ましい政治体制が仮にデモクラシーであったとしても、それが現実世界でも望ましいとは必ずしも言えないのである。

ここに、非理想理論の枠内でデモクラシーへの懐疑論を提示する本書のような議論が生まれる余地がある。ブレナンの考えは次のようなものである。もし人々が十全に知識を得ており、合理的であり、かつ道徳的に理にかなっているような理想的社会があるとしたら、その社会においてはデモクラシーが完璧に機能し、いかなるエピストクラシーよりも良い帰結を安定的に生じさせるのかもしれない。しかし、現実の人々の多くは、十全に知識を得ても、合理的でも、道徳的に理にかなってもいない。したがって、現実のデモクラシーは完璧には機能していないだろう。エピストクラシーは、このデモクラシーよりは良い帰結を安定的に生じさせるかもしれない。そうであれば、私たちがいまここで目指すべき体制はエピストクラシーなのかもしれない。このようなブレナンの議論に対し、理想的なデモクラシーは非理想的ないし理想的なエピストクラシーよりも優れていると主張しても議論がすれ違うのみである。ブレナンの議論に正面から向き合うならば、ブレナン自身が想定する非理想状況を念頭に置いたうえでの吟味が必要である。

この点を念頭に置いた上で、本書に対する解説者一同からの疑念を一つ提示したい。本書の主要な目的が、非理想理論の枠内でエピストクラシーがデモクラシーに対する有力なオルタナティブとなり得ることを示すことであるのならば、前述の制約はブレナン自身にも適用される。換言すればブレナンは、非理想的デモクラシーに対して、それと同程度の市民の道徳的・認知的欠陥を伴った非理想的エピストクラシーが擁護され得ることを示さなければならない。しかしながらブレナンは、非理想的なエピストクラシーがどのように機能するかについて十分な検討を行っていないのではなかろうか。

この疑念は、エピストクラシーの具体的な制度的提案がなされる唯一の箇所である第八章の議論を検討することでより明確になる。そこではエピストクラシーが取りうるいくつかの形態が素描されているが、現実社会においてそれらがどのように機能するかについての検討が十分になされているとは言い難い。現実世界のデモクラシーを悩ませる市民の道徳的・認知的欠陥は当然現実世界のエピストクラシーも悩ませるだろう。たとえば、相対的に少ない政治的権力しか与えられていない市民が二級市民扱いをされたり、そのような市民が政治体制の正統性を受け入れないことで政治社会全体の安定性が損なわれることは想像に難くない。これに対し、理想的なエピストクラシーは当該の問題を避けられると主張することは見当違いである。諸々の欠陥を伴った非理想的エピストクラシーがそれでも非理想的デモクラシーに優越しうることが示されなければ、エピストクラシーが有力なオルタナティブであることが十分に示されたとは言えないだろう。

エピストクラシーは有力な制度的選択肢であるとの主張をより困難にするのが、ブレナン自身一定程度の説得力を認めている「バーク的保守主義」に由来する考慮事項である。イギリスの政治家・思想家エドマンド・バークは、旧体制の抜本的改革を目指したフランス革命が極度の暴力と混乱を招いた点に着目し、制度変革は極めて慎重になされなければならないと説いた（バーク 1997）。既存の制度は我々が十分に把握することが困難な——一見したところ不合理なものも含む——複雑なメカニズムを介して作動しているのであり、その改革は仮に崇高な理念の下になされたとしても意図せざる悪い結果を招きがちである。この点でバークが正しいのであれば、制度改革に伴うリスクを補って余りある利益を改革がもたらすことを示す論証責任は、制度改革を唱える側が負うべきであろう。だが、右で確認したように非理想的エピストクラシーの考察が十分になされていないため、ブレナン自身がこの論証責任を果たせているとは言い難い。

デモクラシー擁護の文脈でしばしば引用されるウィンストン・チャーチルのものとされる言葉に、「デモクラシーは最悪の政体である。これまで試みられたあらゆる政体を除けば」というものがある。本書はこの種のデモクラシー擁護に対し、「早まるな、エピストクラシーという未だ試みられていない有力な政体があるではないか」と異議申し立てするものである。しかし先述の疑念が正しいのであれば、ブレナンは非理想理論の枠内でエピストクラシーがデモクラシーに対する有力なオルタナティブとなり得ることを十分に示せてはいない。そうであるならば、一見したところセンセーショナルな本書の議論も結局のところは、「デモクラシーは最悪の政体である。これまで試みられた、また近い将来試みられうるあらゆる政体を除けば」という凡庸な結論の、「デモクラシーは最悪の政体である」の部分を強化するものに過ぎないのかもしれない。

参考文献

※邦訳があるものは参照したが、訳文は適宜一部変更したことをお断りしておく。

Achen, Christopher H., and Larry M. Bartels. 2016. *Democracy for Realists: Why Elections Do Not Produce Responsive Government*. Princeton, N. J.: Princeton University Press.

Althaus, Scott L. 1998. "Information Effects in Collective Preferences." *American Political Science Review* 92(3): 545–58.

Anderson, Elizabeth. 2009. "Democracy: Instrumental vs. Non-Instrumental Value." In *Contemporary Debates in Political Philosophy*, edited by Thomas Christiano and John Christman, 213–27. Malden, Mass.: Blackwell.

Arneson, Richard. 1993. "Democratic Rights at National and Workplace Levels." In *The Idea of Democracy*, eds. David Copp, Jean Hampton, and John E. Roemer. Cambridge, UK: Cambridge University Press, 118–48.

Arneson, Richard. 2003. "Debate: Defending the Purely Instrumental Account of Democratic Legitimacy." *Journal of Political Philosophy* 11(1): 122–32.

Arneson, Richard. 2016. "Elitism." In *Oxford Studies in Political Philosophy*, vol. 2, eds. David Sobel, Peter Vallentyne, and Steven Wall. Oxford, UK: Oxford University Press, 156–84.

Beitz, Charles R. 1989. *Political Equality: An Essay in Democratic Theory*. Princeton, N.J.: Princeton University Press.

Bohman, James, and William Rehg, eds. 1997. *Deliberative Democracy: Essays on Reason and Politics*. Cambridge, Mass.: The MIT Press.

Brennan, Jason. 2018. “Libertarianism after Nozick.” *Philosophy Compass* 13(2): e12485.

Brennan, Jason, and John Tomasi. 2012. “Classical Liberalism.” In *The Oxford Handbook of Political Philosophy*, edited by David Estlund, 115–32. Oxford and New York: Oxford University Press.

Christiano, Thomas. 2008. *The Constitution of Equality: Democratic Authority and Its Limits*. Oxford, UK: Oxford University Press.

Cohen, Joshua. 1986. “An Epistemic Conception of Democracy.” *Ethics* 97(1): 26–38.

Cohen, Joshua. 2009. “Deliberation and Democratic Legitimacy.” In *Philosophy, Politics, Democracy: Selected Essays*, by Joshua Cohen, 16–37. Cambridge, Mass.: Harvard University Press.

Converse, Philip E. 2006. “The Nature of Belief Systems in Mass Publics (1964).” *Critical Review* 18(1–3): 1–74.

Delli Carpini, Michael X., and Scott Keeter. 1997. *What Americans Know about Politics and Why It Matters*. New Haven, CT: Yale University Press.

Estlund, David. 2008. *Democratic Authority: A Philosophical Framework*. Princeton, N.J.: Princeton University Press.

Gould, Carol C. 1988. *Rethinking Democracy: Freedom and Social Cooperation in Politics, Economy, and Society*. Cambridge, UK: Cambridge University Press.

Kolodny, Niko. 2014. “Rule Over None II: Social Equality and the Justification of Democracy.” *Philosophy & Public Affairs* 42(4): 287–336.

Landemore, Hélène. 2012. *Democratic Reason: Politics, Collective Intelligence, and the Rule of the Many*. Princeton, N.J.: Princeton University Press.
Manin, Bernard. 1987. "On Legitimacy and Political Deliberation." *Political Theory* 15(3): 338-68.
Saffon, Maria Paula, and Nadia Urbinati. 2013. "Procedural Democracy, the Bulwark of Equal Liberty." *Political Theory* 41(3): 441-81.
Stemplowska, Zofia, and Swift, Adam. 2012. "Ideal and Nonideal Theory." In *The Oxford Handbook of Political Philosophy*, edited by David Estlund, 373-89. Oxford and New York: Oxford University Press.
Tomasi, John. 2012. *Free Market Fairness*. Princeton and Oxford: Princeton University Press.
Waldron, Jeremy. 1999. *Law and Disagreement*. Oxford, UK: Oxford University Press.
アリストテレス（2001）牛田徳子訳『政治学』京都大学学術出版会。
宇野重規（2020）『民主主義とは何か』講談社現代新書。
カプラン、B.（2009）長峯純一・奥井克美監訳『選挙の経済学——投票者はなぜ愚策を選ぶのか』日経BP社。
小林卓人（2019）「政治的決定手続きの価値——非道具主義・道具主義・両立主義の再構成と吟味」『政治思想研究』19号、238-269頁。
コンスタン（2020）堤林剣・堤林恵訳『近代人の自由と古代人の自由・制服の精神と簒奪　他一篇』岩波書店。

ソミン、I.（2016）森村進訳『民主主義と政治的無知――小さな政府の方が賢い理由』信山社。

田村哲樹（2008）『熟議の理由――民主主義の政治理論』勁草書房。

トクヴィル（2005-2008）松本礼二訳『アメリカのデモクラシー』（第1～4巻）岩波書店。

ハーバーマス、J.（2002-2003）河上倫逸・耳野健二訳『事実性と妥当性――法と民主的法治国家の討議理論にかんする研究』（上・下巻）未來社。

バーク、E.（1997）半澤孝麿訳『フランス革命の省察【新装版】』みすず書房。

バーリン、I.（2018）小川晃一・小池銈・福田歓一・生松敬三訳『自由論【新装版】』みすず書房。

福家佑亮（2019）「デモクラシーを支えるもの」『実践哲学研究』42巻、35-98頁。

プラトン（1979）藤沢令夫訳『国家』（上・下巻）岩波書店。

ミル、J.S.（2019）関口正司訳『代議制統治論』岩波書店。

ミル、J.S.（2020）関口正司訳『自由論』岩波書店。

ライカー、W.H.（1994）森脇俊雅訳『民主的決定の政治学――リベラリズムとポピュリズム』芦書房。

ラッセル、B.（2007）高村夏輝訳『論理的原子論の哲学』ちくま書房。

レオポルド、D.、スティアーズ、M.編著（2011）山岡龍一・松元雅和監訳『政治理論入門――方法とアプローチ』慶應義塾大学出版会。

ロールズ、J.（2010）川本隆史・福間聡・神島裕子訳『正義論 改訂版』紀伊國屋書店。

訳者あとがき

本書『アゲインスト・デモクラシー』の背景や特徴、および、著者のジェイソン・ブレナン教授については、訳者解説にて詳しい解説があるので、そちらを参照して欲しい。ここでは、私井上を含めて六人で翻訳に至った経緯と、翻訳の作業にあたってお世話になった方々に謝辞を述べたい。

本書の翻訳プロジェクトは、二〇一八年の夏頃に、私が「本書は翻訳されてしかるべき著作である」とツイッターで述べたところ、そのツイートが勁草書房の編集者である山田政弘さんの目に留まったことがきっかけである。山田さんから依頼をいただいた際には、私は翻訳の仕事は引き受けないという方針だった（し、いまも基本その方針なのだ）が、デモクラシーにかんする分析的政治哲学に基づく精緻な議論が日本で知られていない現状をなんとかしたいという思いから、分析的政治哲学を専門とする若手研究者の力を借りることができるならばという条件付きで、引き受けるに至った。幸い、訳者として名を連ねている小林卓人さん、辻悠佑さん、福島弦さん、福原正人さんに声を掛けたところ、快諾してくれ、後に福家佑亮さんにも訳者に加わってもらうことができた。これにより、最先端のデモクラシー研究に通暁する面々から成る、強力な翻訳チームを組むことができた。

それぞれが翻訳を担当した箇所は、以下の通りである。

二〇一七年のペーパーバック版への序文	井上　彰
序文と謝辞	井上　彰
第一章と第二章	辻　悠佑
第三章と第四章	福島　弦
第五章と第六章	小林　卓人
第七章	福原　正人
第八章	福家　佑亮
第九章	井上　彰

翻訳にあたっては、メールやオンライン会議にて相互チェックを行った。具体的には、辻、福島、小林の三氏のリードのもと、福原氏と後に福家氏がかかわるかたちで、相互チェックが行われ、誤訳のチェックや文体・用語の統一、索引の作成等が進められた。私は多忙により、オンライン会議への参加は叶わなかったが、会議の結果については三氏から逐一メールにて報告を受けた。私の担当箇所についても、訳者五人の丁寧なチェックにより大幅に改善された。

原書にみられる誤記や計算ミスと思しき箇所については、ブレナン教授に直接問い合わせた。こちら側の質問に一つ一つ丁寧にご返答くださったブレナン教授には、ここに記してお礼申し上げたい。

勁草書房の山田政弘さんには、本書の翻訳にかける熱意を私にぶつけてきたとき以来、多くのご支援をいただいた。（ひとえに私のせいで）翻訳が遅々として進まないなかでも辛抱強く待っていただき、最後の最後まで校正等で大変お世話になった。深く感謝申し上げる。

本書が、日本におけるデモクラシーをめぐる議論《アーギュメント》重視の論戦を繰り広げるきっかけとなればと願ってやまない。

二〇二二年四月一日　訳者を代表して　井上　彰

■著者紹介

ジェイソン・ブレナン（Jason Brennan）
2007年にアリゾナ大学でPh. D.取得後、現在はジョージタウン大学マクドノー・ビジネス・スクール教授を務める。専門は政治哲学、応用倫理、公共政策など多岐に及び、リバタリアニズムの有力な論客である。主な著作に、*A Brief History of Liberty*, Wiley-Blackwell, 2010（David Schmidtzとの共著）、*The Ethics of Voting*, Princeton University Press, 2011、*Libertarianism: What Everyone Needs to Know*, Oxford University Press, 2012、*Why Not Capitalism?*, Routledge Press, 2014、*Debating Democracy*, Oxford University Press, 2021（Hélène Landemoreとの共著）などがある。また、*Routledge Handbook of Libertarianism*, Routledge, 2017の編者でもある（David Schmidtz、Bas van der Vossenとの共編）。

■訳者紹介

井上　彰（いのうえ　あきら）
東京大学大学院総合文化研究科国際社会科学専攻教授
専門：政治哲学・応用倫理学
業績：『正義論』法律文化社、2019年（共著）。『人口問題の正義論』世界思想社、2019年（共編著）。『ロールズを読む』ナカニシヤ出版、2018年（編著）。『正義・平等・責任』岩波書店、2017年など。

小林　卓人（こばやし　たくと）
早稲田大学政治経済学術院助手
専門：政治哲学
業績：「政治的決定手続きの価値――非道具主義・道具主義・両立主義の再構成と吟味」『政治思想研究』第19号、2019年など。

辻　悠佑（つじ　ゆうすけ）
早稲田大学大学院政治学研究科研究生
専門：政治哲学
業績：「植民地支配と政治的集合体の自己決定」『思想』第1155号、2020年。

福島　弦（ふくしま　げん）
早稲田大学大学院政治学研究科博士後期課程
専門：政治哲学
業績：「コンバージェンス公共的理性リベラリズムに対する自己論駁批判の検討」『早稲田政治經濟學雜誌』第396号、2020年。「これからの「正統性」の話をしよう――国家の規範的正統性の概念分析」『政治思想研究』第22号、2022年など。

福原　正人（ふくはら　まさと）
高崎経済大学・フェリス女学院大学非常勤講師
専門：政治哲学・応用倫理学
業績：「民主主義の境界画定――正当性と正統性」『年報政治学』2018年度第II号、2018年。「戦争での殺害と集団責任――兵士はなぜ国家のために死ぬのか」『思想』1155号、2020年など。

福家　佑亮（ふくや　ゆうすけ）
京都大学非常勤講師
専門：政治哲学・倫理学
業績：「共和主義的自由の消極的自由への還元可能性について」『法と哲学』第8号、2022年。「デモクラシーを支えるもの」『実践哲学研究』42号、2019年など。

索　引

【サ行】

【ヤ行】

【ラ行】

【ワ行】

文献表

Alesina, Albert, Enrico Spolaore, and Romain Wacziarg. 2005. "Trade, Growth, and the Size of Countries." In *The Handbook of Economic Growth, Volume 1B*, edited by Philippe Aghion and Steven Durlauf, 1499–542. Amsterdam: Elsevier.

Alston, Richard M., J. R. Kearl, and Michael B. Vaughan. 1992. "Is There a Consensus among Economists in the 1990s?" *American Economic Review* 82: 203–9.

Althaus, Scott. 1998. "Information Effects in Collective Preferences." *American Political Science Review* 92: 545–58.

——. 2003. *Collective Preferences in Democratic Politics*. New York: Cambridge University Press.

Alvarez, Michael. 1997. *Information and Elections*. Ann Arbor: University of Michigan Press.

Anderson, Elizabeth. 2009. "Democracy: Instrumental vs. Non-Instrumental Value." In *Contemporary Debates in Political Philosophy*, ed. Thomas Christiano and John Christman, 213–28. Malden, MA: Blackwell.

Ansolabehere, Stephen, John M. de Figueiredo, and James M. Snyder Jr. 2003. "Why Is There So Little Money in U. S. Politics?" *Journal of Economic Perspectives* 17(1): 105–30.

Asch, Solomon E. 1952. *Social Psychology*. New York: Prentice Hall.

——. 1955. "Opinions and Social Pressure." *Scientific American* 193(5): 31–35.

Ballew, Charles C., II, and Alexander Todorov. 2007. "Predicting Political Elections from Rapid and Unreflective Face Judgments." *Proceedings of the National Academy of Sciences* 104: 17948–53.

Barry, Brian. 1965. "The Public Interest." In *Political Philosophy*, edited by A. M. Quinton, 45–65. New York: Oxford University Press.

Bartels, Larry. 1996. "Uninformed Votes: Information Effects in Presidential Elections." *American Political Science Review* 40: 194–230.

Baumgartner, Barry, Jeffrey M. Berry, Marie Hojnacki, David C. Kimball, and Beth L. Leech. 2009. *Lobby and Policy Change: Who Loses, Who Wins, and Why*. Chicago: University of Chicago Press.

Berggren, Niclas, Henrik Jordahl, and Panu Poutvaara. 2010. "The Right Look: Conservative Politicians Look Better and Their Voters Reward It." Working Paper Series 855, Social Research Institute of Industrial Economics.

Berlin, Isaiah. 1998. "Two Concepts of Liberty." In *The Proper Study of Mankind: An Anthology of Essays*. New York: Farrar, Straus and Giroux.　生松敬三訳「二つの自由概念」小川晃一・小池銈・福田歓一・生松敬三訳『自由論【新装版】』所収、みすず書房、2018 年。

Berns, Gregory S., Jonathan Chappelow, Caroline F. Zink, Giuseppe Pagnoni, Megan E. Martin-Skurski, and Jim Richards. 2005. "Neurobiological Correlates of Social Conformity and Independence during Mental Rotation." *Biological Psychiatry* 58: 245–53.

Birch, Sarah. 2009. *Full Participation: A Comparative Study of Compulsory Voting*. Manchester, UK: Manchester University Press.

Boukus, Ellyn R., Alwyn Cassil, and Ann S. O'Malley. 2009. "A Snapshot of the U. S. Physicians: Key Findings from the 2008 Health Tracking Physician Survey." *Data Bulletin* 35. http://www.hschange.com/CONTENT/1078/ (accessed January 8, 2016).

Brennan, Geoffrey, and James Buchanan. 1984. "Voter Choice." *American Behavioral Scientist* 28: 185–201.

Brennan, Geoffrey, and Alan Hamlin. 2000. *Democratic Devices and Desires*. New York: Cambridge University Press.

Brennan, Geoffrey, and Loren Lomasky. 2003. *Democracy and Decision: The Pure Theory of Electoral Preference*. New York: Cambridge University Press.

Brennan, Jason. 2011a. *The Ethics of Voting*. Princeton, NJ: Princeton University Press.

——. 2011b. "The Right to a Competent Electorate." *Philosophical Quarterly* 61: 700–724.

——. 2012a. *Libertarianism: What Everyone Needs to Know*. New York: Oxford University Press.

——. 2012b. "Political Liberty: Who Needs It?" *Social Philosophy and Policy* 29: 1–27.

——. 2013. "Epistocracy and Public Reason." In *Philosophical Perspectives on Democracy in the Twenty-First Century*, edited by Ann Cudd and Sally Scholz, 191–204. Berlin: Springer.

——. 2014. *Why Not Capitalism?* New York: Routledge Press.

——. 2016. "Democracy and Freedom." In *The Oxford Handbook of Freedom*, edited by David Schmidtz. New York: Oxford University Press.

Brennan, Jason, and Lisa Hill. 2014. *Compulsory Voting: For and Against*. New York: Cambridge University Press.

Brennan, Jason, and Peter Jaworski. 2015. "Markets without Symbolic Limits." *Ethics* 125: 1053–77.

Brettschneider, Corey. 2007. *Democratic Rights: The Substance of Self-Government*. Princeton, NJ: Princeton University Press.

Bullock, John. 2006. "The Enduring Importance of False Political Beliefs." Paper presented at the annual meeting of the Western Political Science Association, March 17.

Caplan, Bryan. 2007a. *The Myth of the Rational Voter: Why Democracies Choose Bad Policies*. Princeton, NJ: Princeton University Press. 長峯純一・奥井克美監訳『選挙の経済学』、日経 BP、2009 年。

——. 2007b. "Have the Experts Been Weighed, Measured, and Found Wanting?" *Critical Review*, 19(1), 81–91.

——. 2012. "The Myth of the Rational Voter and Political Theory." In *Collective Wisdom: Principles and Mechanisms*, edited by Hélène Landemore and Jon Elster. New York: Cambridge University Press.

Caplan, Bryan, Eric Crampton, Wayne A. Grove, and Ilya Somin. 2013. "Systematically Biased Beliefs about Political Influence: Evidence from the Perceptions of Political Influence on Policy Outcomes Survey." *PS: Political Science and Politics* 46: 760–67.

Cholbi, Michael. 2002. "A Felon's Right to Vote." *Law and Philosophy* 21: 543–65.

Chong, Dennis. 2013. "Degrees of Rationality in Politics." In *The Oxford Handbook of Political Psychology*, edited by David O. Sears and Jack S. Levy, 96–129. New York: Oxford University Press.

Christiano, Thomas. 1996. *The Rule of the Many: Fundamental Issues in Democratic Theory*. Boulder, CO: Westview Press.

——. 2001. "Knowledge and Power in the Justification of Democracy." *Australasian Journal of Philosophy* 79(2): 197–215.

——. 2004. "The Authority of Democracy." *Journal of Political Philosophy* 12(3): 266–90.

——. 2006. "Democracy." In *Stanford Encyclopedia of Philosophy*, edited by Edward N. Zalta.

http://plato.stanford.edu/entries/democracy/ (accessed January 12, 2016).
——. 2008. *The Constitution of Equality: Democratic Authority and Its Limits*. New York: Oxford University Press.
——. 2009. "Debate: Estlund on Democratic Authority." *Journal of Political Philosophy* 17: 228-40.
Citrin, Jack, and Donald Green. 1990. "The Self-Interest Motive in American Public Opinion." *Research in Micropolitics* 3: 1-28.
Clemens, Michael. 2011. "Economics and Emigration: Trillion-Dollar Bills on the Sidewalk?" *Journal of Economic Perspectives* 23: 83-106.
Cohen, E. G. 1982. "Expectation States and Interracial Interaction in School Settings." *Annual Review of Sociology* 8: 209-35.
Cohen, G. A. 2009. *Rescuing Justice and Equality*. New York: Oxford University Press.
Cohen, Geoffrey. 2003. "Party over Policy: The Dominating Impact of Group Influence on Political Beliefs." *Journal of Personality and Social Psychology* 85: 808-22.
Cohen, Joshua. 2006. "Deliberation and Democratic Legitimacy." In *Contemporary Political Philosophy*, edited by Robert Goodin and Philip Pettit, 159-70. Boston: Wiley-Blackwell.
——. 2009. "Deliberation and Democratic Legitimacy." In *Democracy*, edited by David Estlund, 87-106. Malden, MA: Blackwell.
Condorcet, Marquis de. 1976. "Essay on the Application of Mathematics to the Theory of Decision-Making." In *Condorcet: Selected Writings*, edited by Keith M. Baker, 48-49. New York: Macmillan Press.
Conly, Sarah. 2012. *Against Autonomy: Justifying Coercive Paternalism*. Cambridge: Cambridge University Press.
Conover, Pamela, Stanley Feldman, and Kathleen Knight. 1987. "The Personal and Political Underpinnings of Economic Forecasts." *American Journal of Political Science* 31: 559-83.
Converse, Philip E. 1964. "The Nature of Belief Systems in Mass Publics." In *Ideology and Discontent*, ed. D. E. Apter. London: Free Press of Glencoe, 1964. 堀江湛訳「国民大衆における信条体系の性格」『イデオロギーと現代政治』所収、慶応通信、1968年。
——. 1990. "Popular Representation and the Distribution of Information." In *Information and Democratic Processes*, edited by John A. Ferejohn and James H. Kuklinski, 369-88. Urbana: University of Illinois Press.
Converse, Philip E., and Richard Pierce. 1986. *Political Representation in France*. Cambridge MA: Harvard University Press.
Cooper, John. 2005. "Political Animals and Civic Friendship." In *Aristotle's Politics: Critical Essays*, edited by Richard Kraut and Steven Skultety, 65-91. Boulder, CO: Rowman and Littlefield.
Craigie, Jillian. 2011. "Competence, Practical Rationality, and What a Patient Values." *Bioethics* 26: 326-33.
Dahl, Birger. 1994. *Venezia, et Kulterhistorisk Eventyr*. Oslo: Tell Forlag.
Dahl, Robert A. 1989. *Democracy and Its Critics*. New Haven: Yale University Press.
——. 1990. "The Myth of the Presidential Mandate." *Political Science Quarterly* 105: 355-72.
Dagger, Richard. 1997. *Civic Virtue: Rights, Citizenship, and Republican Liberalism*. New York: Oxford University Press.
Delli Carpini, Michael X., and Scott Keeter. 1991. "Stability and Change in the U. S. Public's Knowledge of Politics." *Public Opinion Quarterly* 55: 583-612.

——. 1996. *What Americans Know about Politics and Why It Matters*. New Haven, CT: Yale University Press.

Dovi, Suzanne. 2007. *The Good Representative*. Malden, MA: Blackwell.

Downs, Donald Alexander. 1989. *The New Politics of Pornography*. Chicago: University of Chicago Press.

Dunning, David, Kerri Johnson, Joyce Ehrlinger, and Justin Kruger. 2003. "Why People Fail to Recognize Their Own Incompetence." *Current Directions in Psychological Science* 12: 83-86.

Ehrlinger, Joyce, Kerri Johnson, Matthew Banner, David Dunning, and Justin Kruger. 2008. "Why the Unskilled Are Unaware: Further Explorations of (Absent) Self-Insight among the Incompetent." *Organizational Behavior and Human Decision Processes* 105: 98-121.

Elga, Adam. 2007. "Reflection and Disagreement." *Noûs* 41: 478-502.

Ellsworth, Phoebe C. 1989. "Are Twelve Heads Better Than One." *Law and Contemporary Problems* 52: 205-24.

Elster, Jon. 1998. "The Market and the Forum: Three Varieties of Political Theory." In *Deliberative Democracy: Essays on Reason and Politics*, edited by James Bohman and William Rehg, 3-34. Cambridge, MA: MIT Press.

Erisen, Cengiz, Milton R. Lodge, and Charles S. Taber. 2014. "Affective Contagion in Effortful Political Thinking." *Political Psychology* 35: 187-206.

Estlund, David. 1994. "Opinion Leaders, Independence, and Condorcet's Jury Theorem." *Theory and Decision* 36: 131-62.

——. 2003. "Why Not Epistocracy." *Desire, Identity, and Existence: Essays in Honor of T. M. Penner*, edited by Naomi Reshotko, 53-69. New York: Academic Printing and Publishing.

——. 2007. *Democratic Authority: A Philosophical Framework*. Princeton, NJ: Princeton University Press.

——. Forthcoming. *Utopophobia*. Princeton, NJ: Princeton University Press.

Faden, Ruth, and Tom L. Beauchamp. 1986. *A History and Theory of Informed Consent*. New York: Oxford University Press. 酒井忠昭・秦洋一訳『インフォームド・コンセント——患者の選択』、みすず書房、1994年。

Feddersen, Timothy, Sean Gailmard, and Alvaro Sandroni. 2009. "A Bias toward Unselfishness in Large Elections: Theory and Experimental Evidence." *American Political Science Review* 103: 175-92.

Feldman, Richard. 2006. "Epistemological Puzzles about Disagreement." In *Epistemology Futures*, edited by Stephen Hetherington, 216-36. Oxford: Oxford University Press.

Freeman, Samuel. 2007. *Rawls*. New York: Routledge Press.

Friedman, Jeffrey. 2006. "Democratic Competence in Normative and Positive Theory: Neglected Implications of 'The Nature of Belief Systems in Mass Publics.'" *Critical Review* 18: i-xliii.

Frintner, Mary Pat, and Laura Rubinson. 1993. "Acquaintance Rape: The Influence of Alcohol, Fraternity Membership, and Sports Team Membership." *Journal of Sex Education and Therapy* 19: 272-84.

Funk, Carolyn L. 2000. "The Dual Influence of Self-Interest and Societal Interest in Public Opinion." *Political Research Quarterly* 53: 37-62.

Funk, Carolyn L., and Patricia Garcia-Monet. 1997. "The Relationship between Personal and

National Concerns in Public Perceptions of the Economy." *Political Research Quarterly* 50: 317–42.

Gaus, Gerald. 1996. *Justificatory Liberalism: An Essay on Epistemology and Political Theory.* New York: Oxford University Press.

Gelman, Andrew, Nate Silver, and Aaron Edlin. 2012. "What Is the Probability That Your Vote Will Make a Difference?" *Economic Inquiry* 50: 321–26.

Gilbert, Pablo. 2012. Is There a Human Right to Democracy? A Response to Cohen. *Revista Latinoamericana de Filosofía Política* 1: 1–37.

Gilens, Martin. 2012. *Affluence and Influence: Economic Inequality and Political Power in America.* Princeton, NJ: Princeton University Press.

Glennon, Michael. 2014. *National Security and Double Government.* New York: Oxford University Press.

Goldman, Alvin. 1999. "Why Citizens Should Vote: A Causal Responsibility Approach." *Social Philosophy and Policy* 16: 201–17.

González-Ricoy, Iñigo. 2012. "Depoliticising the Polls: Voting Abstention and Moral Disagreement." *Politics* 32: 46–51.

Goodin, Robert E. 2003. *Reflective Democracy.* New York: Oxford University Press.

Goodin, Robert E. 2006. "Talking Politics: Perils and Promise." *European Journal of Political Research* 45: 235–61.

——. 2008. *Innovating Democracy: Democratic Theory and Practice After the Deliberative Turn.* New York: Oxford University Press.

Gould, Carol. 1988. *Rethinking Democracy: Freedom and Social Cooperation in Politics, Economics, and Society.* New York: Cambridge University Press.

Green, Donald, and Ian Shapiro. 1994. *Pathologies of Rational Choice Theory: A Critique of Applications in Political Science.* New Haven, CT: Yale University Press.

Griffin, Christopher. 2003. "Democracy as a Non-Instrumentally Just Procedure." *Journal of Political Philosophy* 11: 111–21.

Grofman, Bernard, and Scott Feld. 1988. "Rousseau's General Will: A Condorcetian Perspective." *American Political Science Review* 82: 567–76.

Grossback, Lawrence J., David A. M. Peterson, and James A. Stimson. 2006. *Mandate Politics.* New York: Cambridge University Press.

——. 2007. "Electoral Mandates in American Politics." *British Journal of Political Science* 37: 711–30.

Guerrero, Alexander R. 2010. "The Paradox of Voting and the Ethics of Political Representation." *Philosophy and Public Affairs* 38: 272–306.

Gutmann, Amy, and Dennis Thompson. 1996. *Democracy and Disagreement.* Cambridge: Cambridge University Press.

Habermas, Jürgen. 2001. *Moral Consciousness and Communicative Action.* Cambridge, MA: MIT Press.　三島憲一・中野敏男・木前利秋訳『道徳意識とコミュニケーション行為』、岩波書店、2000 年。

Haidt, Jonathan. 2012. *The Righteous Mind: Why Good People Are Divided by Politics and Religion.* New York: Pantheon.　高橋洋訳『社会はなぜ右と左にわかれるのか——対立を超えるための道徳心理学』、紀伊国屋書店、2014 年。

Hall, Robert, and Allen Deardroff. 2006. "Lobbying as Legislature Subsidy." *American Political Science Review* 100: 69–84.

Hanson, Robin. 2013. "Should We Vote on Values, But Bet on Beliefs? *Journal of Political Philosophy* 21: 151–78.

Hardin, Russell. 2009. *How Do You Know? The Economics of Ordinary Knowledge*. Princeton, NJ: Princeton University Press.

Harper, Ida Husted. 1898. *The Life and Work of Susan B. Anthony*. Vol. 2. New York: Bowen-Merrill Company.

Hayek, Friedrich A. 1945. "The Use of Knowledge in Society." *American Economic Review* 35: 519–30. 嘉治元郎・嘉治佐代訳「社会における知識の利用」『個人主義と経済秩序〈新版ハイエク全集第 I 期第 3 巻〉』所収、109–128 頁、春秋社、2008 年。

Healy, Andrew, and Neil Malholtra. 2010. "Random Events, Economic Losses, and Retrospective Voting: Implications for Democratic Competence." *Quarterly Journal of Political Science* 5: 193–208.

Hibbing, John R., and Elizabeth Theiss-Morse. 2002. *Stealth Democracy: Americans' Beliefs about How Government Should Work*. Cambridge: Cambridge University Press.

Hobbes, Thomas. 1994. *Leviathan*. Edited by Edwin Curly. Indianapolis: Hackett. 水田洋訳『リヴァイアサン』全 4 巻、岩波書店、1992 年。

Holbrook, Thomas, and James C. Garand. 1996. "Homo Economus? Economic Information and Economic Voting." *Political Research Quarterly* 49(2): 351–75.

Hong, Lu, and Scott Page. 2004. "Groups of Diverse Problem Solvers Can Outperform Groups of High-Ability Problem Solvers," *Proceedings of the National Academy of Sciences* 101 (46): 16385–89.

Huddy, Leonie, Jeffrey Jones, and Richard Chard. 2001. "Compassion vs. SelfInterest: Support for Old-Age Programs among the Non-Elderly." *Political Psychology* 22: 443–72.

Huddy, Leonie, David Sears, and Jack S. Levy. 2013. Introduction to *The Oxford Handbook of Political Psychology, 2nd Edition*, edited by Leonie Huddy, David Sears, and Jack S. Levy, 1–21. New York: Oxford University Press.

Huemer, Michael. 2013. *The Problem of Political Authority: An Examination of the Right to Coerce and the Duty to Obey*. New York: Palgrave MacMillan.

Humphrey, Stephen E., and Arnold S. Kahn. 2000. "Fraternities, Athletic Teams, and Rape: Importance of Identification with a Risky Group." *Journal of Interpersonal Violence* 15: 1313–22.

Iyengar, Shanto, Guarav Sood, and Yphtach Lelkes. 2012. "Affect, Not Ideology: A Social Identity Perspective on Polarization." *Public Opinion Quarterly*, doi: 10.1093/poq/nfs038.

Iyengar, Shanto, and Sean J. Westwood. 2015. "Fear and Loathing across Party Lines: New Evidence on Group Polarization." *American Journal of Political Science* 59(3): 690–707.

Jakee, Keith, and Guang-Zhen Sun. 2006. "Is Compulsory Voting More Democratic?" *Public Choice* 129: 61–75.

Jennings, M. Kent. 1992. "Ideological Thinking among Mass Publics and Political Elites." *Public Opinion Quarterly* 56(4): 419–41.

Kahan, Dan, Ellen Peters, Erica Cantrell Dawson, and Paul Slovic. 2013. "Motivated Numeracy and Enlightened Self-Government." Unpublished manuscript, Yale Law School, Public Working Paper No. 307, http://papers.ssrn.com/sol3/papers.cfm?abstract_id=2319992 (accessed January 2, 2016).

Kahneman, Daniel. 2003. "Maps of Bounded Rationality: Psychology for Behavioral Economics." *American Economic Review* 93: 1449–75.

Kavka, Gregory. 1995. "Why Even Morally Perfect People Would Need Government." *Social Philosophy and Policy* 12: 1–18.

Keith, Bruce E., David B. Magleby, Candice J. Nelson, Elizabeth Orr, Mark C. Westlye, and Raymond E. Wolfinger. 1992. *The Myth of the Independent Voter*. Berkeley: University of California Press.

Kelly, James Terence. 2012. *Framing Democracy: A Behavioral Approach to Democratic Theory*. Princeton, NJ: Princeton University Press.

Kennings, M. Kent. 1992. "Ideological Thinking among Mass Publics and Political Elites," *Public Opinion Quarterly* 56: 419–51.

Kerr, Norbett, Robert MacCoun, and Geoffrey Kramer. 1996. "Bias in Judgment: Comparing Individuals and Groups." *Psychological Review* 103: 687–719.

Kinder, Donald. 2006. "Belief Systems Today." *Critical Review* 18: 197–216.

Kinder, Donald, and Roderick Kiewiet. 1979. "Economic Discontent and Political Behavior: The Role of Personal Grievances and Collective Economic Judgments in Congressional Voting." *American Journal of Political Science* 23: 495–527.

Knight, Jack, and James Johnson. 2011. *The Priority of Democracy: Political Consequences of Pragmatism*. Princeton, NJ: Princeton University Press.

Koss, Mary P., and John A. Gaines. 1993. "The Prediction of Sexual Aggression by Alcohol Use, Athletic Participation, and Fraternity Affiliation." *Journal of Interpersonal Violence* 8: 94–108.

Krause, Sharon. 2013. *Civil Passion: Moral Sentiment and Democratic Deliberation*. Princeton, NJ: Princeton University Press.

Kremer, Michael, and Dan Levy. 2008. "Peer Effects and Alcohol Use among College Students." *Journal of Economic Perspectives* 22: 189–206.

Kruger, Justin, and David Dunning. 1999. "Unskilled and Unaware of It: How Difficulties in Recognizing One's Own Incompetence Lead to Inflated SelfAssessments." *Journal of Personality and Social Psychology* 77: 1121–34.

——. 2002. "Unskilled and Unaware—But Why? A Reply to Krueger and Mueller." *Journal of Personality and Social Psychology* 82: 189–92.

Krugman, Paul, and Wells, Robin. 2009. *Economics*. New York: Worth Publishers.

Landemore, Hélène. 2012. *Democratic Reason: Politics, Collective Intelligence, and the Rule of the Many*. Princeton, NJ: Princeton University Press.

Landsburg, Steven E. 2004. "Don't Vote: It Makes More Sense to Play the Lottery." *Slate*. http://www.slate.com/id/2107240/ (accessed January 1, 2016).

Leigh, Andrew. 2009. "Does the World Economy Swing National Elections?" *Oxford Bulletin of Economics and Statistics* 71: 163–81.

Lenz, Gabriel, and Chappell Lawson. 2008. "Looking the Part: Television Leads Less Informed Citizens to Vote Based on Candidates' Appearance." Unpublished manuscript, Department of Political Science, Massachusetts Institute of Technology, Cambridge, MA.

Lever, Annabelle. 2008. "'A Liberal Defense of Compulsory Voting': Some Reasons for Skepticism." *Politics* 28: 61–64.

——. 2010. "Compulsory Voting: A Critical Perspective." *British Journal of Political Science* 40: 897–915.

Levy, Jacob. 2013. "There Is No Such Thing as Ideal Theory." Paper presented at the Association for Political Theory, October 13, Vanderbilt University, Nashville, TN.

List, Christian, and Robert Goodin. 2001. "Epistemic Democracy: Generalizing the Condorcet Jury Theorem." *Journal of Political Philosophy* 9: 277–306.

Lodge, Milton R., and Charles S. Taber. 2013. *The Rationalizing Voter*. New York: Cambridge University Press.

Loewen, Peter John, Henry Milner, and Bruce M. Hicks. 2008. "Does Compulsory Voting Lead to More Informed and Engaged Citizens? An Experimental Test." *Canadian Journal of Political Science* 41: 655–67.

Lopéz-Guerra, Claudio. 2011. "The Enfranchisement Lottery." *Politics, Philosophy, and Economics* 10: 211–33.

——. 2014. *Democracy and Disenfranchisement: The Morality of Election Exclusions*. New York: Oxford University Press.

Lord, Charles, Lee Ross, and Mark R. Lepper. 1979. "Biased Assimilation and Attitude Polarization: The Effects of Prior Theories on Subsequently Considered Evidence." *Journal of Personality and Social Psychology* 37: 2098–109.

Lovett, Frank. 2014. "Republicanism." *Stanford Encyclopedia of Philosophy*. Edited by Edward N. Zalta. http://plato.stanford.edu/entries/republicanism/ (accessed January 6, 2016).

Mackerras, Malcolm, and Ian McAllister. 1999. "Compulsory Voting, Party Stability, and Electoral Advantage in Australia." *Electoral Studies* 18: 217–33.

Mackie, Gerry. 2009. "Why It's Rational to Vote." Unpublished manuscript, University of California at San Diego.

Manin, Bernard, Elly Stein, and Jane Mansbridge. 1987. "On Legitimacy and Political Deliberation." *Political Theory* 15: 333–68.

Mansbridge, Jane. 1993. "Self-Interest and Political Transformation." In *Reconsidering the Democratic Public*, edited by George E. Marcus and Russell L. Hanson, 91–109. University Park: Pennsylvania State University Press.

Markus, Gregory. 1988. "The Impact of Personal and National Economic Conditions on the Presidential Vote: A Pooled Cross-Sectional Analysis." *American Journal of Political Science* 32: 137–54.

Marsden, Nancy. 1987. "Note: Gender Dynamics and Jury Deliberations." *Yale Law Journal* 96: 593–612.

McAllister, Ian. 1986. "Compulsory Voting, Turnout, and Party Advantage in Australia." *Politics* 21: 89–93.

McCabe, Donald, and Linda Trevino. 1997. "Individual and Contextual Influences on Academic Dishonesty: A Multicampus Investigation." *Research in Higher Education* 38: 379–96.

Mendelberg, Tali. 2002. "The Deliberative Citizen: Theory and Evidence." In *Research in Micropolitics, Volume 6: Political Decision Making, Deliberation, and Participation*, edited by Michael X. Delli Carpini, Leonie Huddy, and Robert Y. Shapiro, 151–93. Amsterdam: Elsevier.

Michelman, Frank I. 2002. "Rawls on Constitutionalism and Constitutional Law." In *The Cambridge Companion to Rawls*, edited by Samuel Freeman, 394–95. New York: Cambridge University Press.

Mill, John Stuart. 1975. *Three Essays: "On Liberty," "Representative Government," and "The Subjection of Women."* Edited by Richard Wollheim. New York: Oxford University Press. 関口正司訳『代議制統治論』、岩波書店、2019 年。

Miller, Dale. 1999. "The Norm of Self-Interest." *American Psychologist* 54: 1053–60.

Milner, Henry, Peter John Loewen, and Bruce M. Hicks. 2007. "The Paradox of Compulsory Voting: Participation Does Not Equal Political Knowledge." *IRPP Policy Matters* 8: 1–48.

Mueller, John, and Mark G. Stewart. 2011. *Terror, Security, and Money: Balancing the Risks, Benefits, and Costs of Homeland Security*. New York: Oxford University Press.

Murray, Charles. 2012. *Coming Apart: The State of White America, 1960–2010*. New York: Crown Forum.

Mutz, Diana. 1992. "Mass Media and the Depoliticization of Personal Experience." *American Journal of Political Science* 36: 483–508.

——. 1993. "Direct and Indirect Routes to Politicizing Personal Experience: Does Knowledge Make a Difference?" *Public Opinion Quarterly* 57: 483–502.

——. 2006. *Hearing the Other Side: Deliberative versus Participatory Democracy*. Cambridge: Cambridge University Press.

——. 2008. "Is Deliberative Democracy a Falsifiable Theory?" *Annual Review of Political Science* 11: 521–38.

Mutz, Diana, and Jeffrey Mondak. 1997. "Dimensions of Sociotropic Behavior: Group-Based Judgments of Fairness and Well-Being." *American Journal of Political Science* 41: 284–308.

Nagel, Mato. 2010. "A Mathematical Model of Democratic Elections." *Current Research Journal of Social Sciences* 2(4): 255–61.

Nathanson, Stephen. 2000. "Should We Execute Those Who Deserve to Die?" In *Philosophy of Law, Sixth Edition*, edited by Joel Feinberg and Jules L. Coleman, 841–50. Belmont, CA: Wadsworth.

Neuman, W. Russell. 1986. *The Paradox of Mass Politics: Knowledge and Opinion in the American Electorate*. Cambridge, MA: Harvard University Press.

Noel, Hans. 2010. "Ten Things Political Scientists Know That You Don't." *Forum* 8: 1–19.

Nozick, Robert. 1990. *The Examined Life: Philosophical Meditations*. New York: Simon and Schuster.　井上章子訳『生のなかの螺旋　自己と人生のダイアローグ』、青土社、1993年。

Nyhan, Brendan, and Jason Reifler. 2010. "When Corrections Fail: The Persistence of Public Misperceptions." *Political Behavior* 32: 303–30.

Oppenheimer, Danny, and Mike Edwards. 2012. *Democracy Despite Itself: Why a System That Shouldn't Work at All Works So Well*. Cambridge, MA: MIT Press.

Page, Benjamin I., and Robert Y. Shapiro. 1992. *The Rational Public: Fifty Years of Trends in Americans' Policy Preferences*. Chicago: University of Chicago Press.

Page, Scott. 2007. *The Difference: How the Power of Diversity Creates Better Groups, Firms, Schools, and Societies*. Princeton, NJ: Princeton University Press.

——. 2012. "Microfoundations of Collective Wisdom." Lecture delivered at Collège de France, Paris. http://www.canal-u.tv/video/college_de_france/micro foundations_of_collective_wisdom.4046 (accessed January 11, 2016).

Page, Scott, and Lu Hong. 2001. "Problem Solving by Heterogeneous Agents." *Journal of Economic Theory* 97: 123–63.

Page, Scott, and P. J. Lamberson. 2009. "Increasing Returns, Lock-Ins, and Early Mover Advantage." Unpublished manuscript, University of Michigan at Ann Arbor.

Palfrey, Thomas, and Keith Poole. 1987. "The Relationship between Information, Ideology, and Voting Behavior." *American Journal of Political Science* 31: 510–30.

Pettit, Philip. 1996. "Freedom as Antipower." *Ethics* 106(3): 576–604.

——. 2012. *On the People's Terms: A Republican Theory and Model of Democracy*. New York: Cambridge University Press.

Pincock, Heather. 2012. "Does Deliberation Make Better Citizens." In *Democracy in Motion: Evaluating the Practice and Impact of Deliberative Civic Engagement*, edited by Tina Nabatchi, John Gastil, G. Michael Weiksner, and Matthew Leighninger, 135–62. New York: Oxford University Press.

Ponza, Michael, Greg Duncan, Mary Corcoran, and Fred Groskind. 1988. "The Guns of Autumn? Age Differences in Support for Income Transfers to the Young and Old." *Public Opinion Quarterly* 52: 441–66.

Rawls, John. 1971. *A Theory of Justice*. Cambridge, MA: Harvard University Press. 川本隆史・福間聡・神島裕子訳『正義論 改訂版』、紀伊國屋書店、2010 年。

——. 1996. *Political Liberalism*. New York: Columbia University Press. 神島裕子・福間聡訳『政治的リベラリズム』、筑摩書房、2022 年。

——. 2001. *Justice as Fairness: A Restatement*. Cambridge, MA: Harvard University Press. 田中成明・亀本洋・平井亮輔訳『公正としての正義 再説』、岩波書店、2004 年。

Read, Leonard E. 1958. "I Pencil." *Freeman*, May 1. http://fee.org/the_freeman/detail/i-pencil (accessed January 11, 2016).

Rhodebeck, Laurie. 1993. "The Politics of Greed? Political Preferences among the lderly." *Journal of Politics* 55: 342–64.

Riker, William H. 1982. "The Two-Party System and Duverger's Law: An Essay on the History of Political Science." *American Political Science Review* 76: 753–66.

Rockoff, Hugh. 1984. *Drastic Measures: A History of Wage and Price Controls in the United States*. New York: Cambridge University Press.

Rosato, Sebastian. 2003. "The Flawed Logic of the Democratic Peace Theory." *American Political Science Review* 97: 585–603.

Rousseau, Jean-Jacques. 1997. *The Social Contract and Other Later Political Writings*. Edited by Victor Gourevitch. New York: Cambridge University Press. 桑原武夫・前川貞次郎訳『社会契約論』、岩波書店、1954 年。

Ryfe, David. 2005. "Does Deliberative Democracy Work?" *Annual Review of Political Science* 8: 49–71.

Saunders, Ben. 2010. "Increasing Turnout: A Compelling Case?" *Politics* 30: 70–77.

Schmidtz, David. Forthcoming. "Idealism as Solipsism." In *Oxford Handbook of Distributive Justice*, edited by Serena Olsaretti. New York: Oxford University Press.

Schmidtz, David, and Jason Brennan. 2010. *A Brief History of Liberty*. Oxford: Wiley-Blackwell.

Schmidtz, David, and Christopher Freiman. 2012. "Nozick." *Oxford Handbook of Political Philosophy*, edited by David Estlund, 411–28. New York: Oxford University Press.

Schumpeter, Joseph. 1996. *Capitalism, Socialism, and Democracy*. New York: Routledge Press. 中山伊知郎・東畑精一訳『資本主義・社会主義・民主主義【新装版】』、東洋経済新報社、1995 年。

Schwarzenbach, Sibyl A. 1996. "On Civic Friendship." *Ethics* 107: 97–128.

Sears, David O., and Carolyn L. Funk. 1990. "Self-Interest in Americans' Political Opinions." In *Beyond Self-Interest*, edited by Jane Mansbridge, 147–70. Chicago: University of Chicago Press.

Sears, David, Carl Hensler, and Leslie Speer. 1979. "Whites' Opposition to 'Busing': Self-Interest or Symbolic Politics?" *American Political Science Review* 73: 369–84.

Sears, David, and Richard Lau. 1983. "Inducing Apparently Self-Interested Political Preferences." *American Journal of Political Science* 27: 223–52.

Sears, David, Richard Lau, Tom Tyler, and Harris Allen. 1980. "Self-Interest vs. Symbolic Politics in Policy Attitudes and Presidential Voting." *American Political Science Review* 74: 670–84.

Selb, Peter, and Romain Lachat. 2007. "The More the Better: Counterfactual Evidence on the Effect of Compulsory Voting on the Consistency of Party Choice." Paper presented at the European Consortium for Political Research's Joint Sessions of Workshops, Helsinki, May 11.

Sen, Amartya. 1999. *Development as Freedom*. Norwell, MA: Anchor Press. 石塚雅彦訳『自由と経済開発』、日本経済新聞社、2000 年。

Shapiro, Ian. 2003. *The State of Democratic Theory*. Princeton, NJ: Princeton University Press. 中道寿一訳『民主主義理論の現在』、慶應義塾大学出版会、2010 年。

Somin, Ilya. 1998. "Voter Ignorance and the Democratic Ideal." *Critical Review* 12: 413–58.

——. 2004. "When Ignorance Isn't Bliss: How Political Ignorance Threatens Democracy." *Policy Analysis*, September 22. http://www.cato.org/publications/policy-analysis/when-ignorance-isnt-bliss-how-political-ignorance-threatens-democracy (accessed December 31, 2015).

——. 2013. *Democracy and Political Ignorance*. Stanford, CA: Stanford University Press. 森村進訳『民主主義と政治的無知——小さな政府の方が賢い理由』、信山社、2016 年。

Stanton, Elizabeth Cady. 1894. "Ethics of Suffrage." In *The World's Congress of Representative Women, Volume 2*, edited by May Wright Sewall, 482–87. New York: Rand, McNally, and Company.

Stokes, Susan C. 1988. "Pathologies of Deliberation." In *Deliberative Democracy*, edited by John Elster, 123–39. New York: Cambridge University Press.

Stratmann, Thomas. 2005. "Some Talk: Money in Politics. A (Partial) Review of the Literature." In *Policy Challenges and Political Responses*, edited by William F. Shughart II and Robert D. Tollison, 135–56. Berlin: Springer.

Sunstein, Cass R. 2002. "The Law of Group Polarization." *Journal of Political Philosophy* 10: 175–95.

——. 2014. "'Partyism' Now Trumps Racism." *Bloomberg View*, September 22. http://www.bloombergview.com/articles/2014-09-22/partyism-now-trumps-racism (accessed January 21, 2016).

Taber, Charles S., and Milton R. Lodge. 2006. "Motivated Skepticism in the Evaluation of Political Beliefs." *American Journal of Political Science* 50: 755–69.

Taber, Charles S., and Everett Young. 2013. "Political Information Processing." In *The Oxford Handbook of Political Psychology, 2nd Edition*, edited by Leonie Huddy, David Sears, and Jack S. Levy, 525–58. New York: Oxford University Press.

Tajfel, Henry. 1981. *Human Groups and Social Categories: Studies in Social Psychology*. New York: Cambridge University Press.

——. 1982. "Social Psychology of Intergroup Relations." *Annual Review of Psychology* 33: 1–39.

Tajfel, Henry, and John Turner. 1979. "An Integrative Theory of Intergroup Conflict." In *The Social Psychology of Intergroup Relations*, edited by William G. Austin and Stephen Worchel, 33–47. Monterey, CA: Brooks-Cole.

Tetlock, Philip E. 2005. *Expert Political Judgment: How Good Is It? How Can We Know?* Princ-

eton, NJ: Princeton University Press.
——. 2007. "Diversity Paradoxes." *Science* 316: 984.
Thompson, Abigail. 2014. "Does Diversity Trump Ability? An Example of the Misuse of Mathematics in the Social Sciences." *Notices of the American Mathematical Society* 61: 1024–30.
Tocqueville, Alexis de. 1969. *Democracy in America*. New York: Anchor Books. 松本礼二訳『アメリカのデモクラシー』全4巻、岩波書店、2005–2008年。
Todorov, Alexander, Anesu N. Mandisodza, Amir Goren, and Crystal C. Hall. 2005. "Inferences of Competence from Faces Predict Election Outcomes." *Science* 308: 1623–26.
Tomasi, John. 2012. *Free Market Fairness*. Princeton, NJ: Princeton University Press.
Tuck, Richard. 2008. *Free Riding*. Cambridge, MA: Harvard University Press.
Tversky, Andrew, and Daniel Kahneman. 1973. "Availability: A Heuristic for Judging Frequency and Probability." *Cognitive Psychology* 5: 207–33.
Waldron, Jeremy. 2006. "The Core of the Case against Judicial Review." *Yale Law Journal* 115: 1346–406.
Wall, Stephen. 2006. "Rawls and the Status of Political Liberty." *Pacific Philosophical Quarterly* 87: 245–70.
Walzer, Michael. 1988. "Interpretation and Social Criticism." In *Tanner Lectures on Human Values, VIII*. Salt Lake City: University of Utah Press. 大川正彦・川本隆史訳『解釈としての社会批判』、筑摩書房、2014年。
Waytz, Adam, Liane L. Young, and Jeremy Ginges. 2014. "Motive Attribution Asymmetry for Love vs. Hate Drives Intractable Conflict." *Proceedings of the National Academy of Sciences*, November 4, doi: 10.1073/pnas.1414146111.
Weiner, Greg. 2012. *Madison's Metronome: The Constitution, Majority Rule, and the Tempo of American Politics*. Lawrence: University Press of Kansas.
Wellman, Christopher Heath. 2005. *A Theory of Secession*. New York: Cambridge University Press.
Wellman, Christopher Heath, and A. John Simmons. 2005. *Is There a Duty to Obey the Law? For and Against*. New York: Cambridge University Press.
Westen, Drew. 2008. *The Political Brain: The Role of Emotion in Deciding the Fate of the Nation*. New York: Perseus Books.
Westen, Drew, Pavel S. Blagov, Keith Harenski, Clint Kilts, and Stephan Hamann. 2006. "The Neural Basis of Motivated Reasoning: An fMRI Study of Emotional Constraints on Political Judgment during the U. S. Presidential Election of 2004." *Journal of Cognitive Neuroscience* 18: 1947–58.
Zaller, John. 1992. *The Nature and Origins of Mass Opinion*. New York: Cambridge University Press.

アゲインスト・デモクラシー　下巻

2022年 8 月20日　第 1 版第 1 刷発行

著　者　ジェイソン・ブレナン
井上《いのうえ》　彰《あきら》・小林卓人《こばやしたくと》
訳　者　辻《つじ》　悠佑《ゆうすけ》・福島《ふくしま》　弦《げん》
福原正人《ふくはらまさと》・福家《ふくや》佑亮《ゆうすけ》

発行者　井　村　寿　人

発行所　株式会社　勁《けい》　草《そう》　書　房

112-0005 東京都文京区水道2-1-1　振替　00150-2-175253
（編集）電話 03-3815-5277／FAX 03-3814-6968
（営業）電話 03-3814-6861／FAX 03-3814-6854
平文社・松岳社

©INOUE Akira, KOBAYASHI Takuto, TSUJI Yusuke,
FUKUSHIMA Gen, FUKUHARA Masato,
FUKUYA Yusuke　2022

ISBN978-4-326-35187-9　　Printed in Japan

JCOPY ＜出版者著作権管理機構 委託出版物＞
本書の無断複写は著作権法上での例外を除き禁じられています。
複写される場合は、そのつど事前に、出版者著作権管理機構
（電話 03-5244-5088、FAX 03-5244-5089、e-mail: info@jcopy.or.jp）
の許諾を得てください。

＊落丁本・乱丁本はお取替いたします。
ご感想・お問い合わせは小社ホームページから
お願いいたします。

https://www.keisoshobo.co.jp

勁草書房の本

重要なことについて　第1巻

デレク・パーフィット 著
森村進 訳

9,900円

重要なことについて　第2巻

デレク・パーフィット 著
森村進・奥野久美恵 訳

12,100円

リベラリズムと正義の限界

マイケル・サンデル 著
菊池理夫 訳

4,400円

民主政の不満　公共哲学を求めるアメリカ　上

手続き的共和国の憲法

マイケル・サンデル 著
小林正弥・金原恭子 監訳

2,860円

民主政の不満　公共哲学を求めるアメリカ　下

公民生の政治経済

マイケル・サンデル 著
小林正弥 監訳

3,300円

表示価格は2022年8月現在。
消費税10%が含まれております。